Sé el líder que tu equipo necesita Crecer como directivo

PROFIT
editorial

Profit Editorial, sello editorial de referencia en libros de empresa y management. Con más de 400 títulos en catálogo, ofrece respuestas y soluciones en las temáticas:

- Management, liderazgo y emprendeduría.
- Contabilidad, control y finanzas.
- Bolsa y mercados.
- Recursos humanos, formación y coaching.
- Marketing y ventas.
- Comunicación, relaciones públicas y habilidades directivas.
- Producción y operaciones.

E-books:
Todos los títulos disponibles en formato digital están en todas las plataformas del mundo de distribución de e-books.

Manténgase informado:
Únase al grupo de personas interesadas en recibir, de forma totalmente gratuita, información periódica, newsletters de nuestras publicaciones y novedades a través del QR:

Dónde seguirnos:

 | @profiteditorial

   | **Profit Editorial**

Ejemplares de evaluación:
Nuestros títulos están disponibles para su evaluación por parte de docentes. Aceptamos solicitudes de evaluación de cualquier docente, siempre que esté registrado en nuestra base de datos como tal y con actividad docente regular. Usted puede registrarse como docente a través del QR:

Nuestro servicio de atención al cliente:
Teléfono: **+34 934 109 793**
E-mail: **info@profiteditorial.com**

HARVARD
BUSINESS
REVIEW

*Impulsa
tu
carrera
profesional*

Sé el líder
que tu equipo
necesita

Crecer como
directivo

HARVARD
WORK
SMART

PROFIT
editorial

Todas las publicaciones de Profit están disponibles para realizar ediciones personalizadas por parte de empresas e instituciones en condiciones especiales.

Para más información, por favor, contactar con: info@profiteditorial.com

Título original: *Experience, Opportunity, and Developing Your Career*

Original work copyright © 2024 Harvard Business School Publishing Corporation

Publicado por acuerdo con Harvard Business Review Press

Diseño de cubierta: XicArt
Maquetación: Montserrat Minguell

ISBN: 978-84-10235-57-1
Depósito legal: B 7377-2025
Primera edición: Septiembre de 2025

Impresión: Gráficas Rey
Impreso en España / *Printed in Spain*

Harvard Work Smart Series

Crece más rápido con lecturas rápidas, historias reales
y consejos de expertos.

La colección Work Smart de Harvard aborda los temas más importantes al inicio de tu carrera profesional: cómo ser tú mismo con tus compañeros y jefes, cómo sopesar las decisiones laborales o cómo fomentar relaciones laborales más constructivas, entre otros. Cada título incluye resúmenes de los capítulos, enlaces a vídeos, audios y mucho más. Los libros de esta colección de Harvard te ayudarán a dar un paso adelante en tu vida profesional y avanzar con confianza hacia el éxito.

ÍNDICE

Sección 3

¿Quién puede ayudarte?

Sección 4

¿Cómo decidir el siguiente paso?

Sección 5

¿Y si no quiero una trayectoria profesional tradicional?

¿Qué significa tener una carrera profesional?

Y por qué deberías pensártelo

por Mimi Aboubaker

Encontrar tu camino cuando empiezas tu carrera profesional puede resultar desalentador. Ya no eres un estudiante que sigue un plan de estudios desarrollado por otro, sino una persona que intenta labrarse su propio camino en un mundo de infinitas posibilidades. En tal situación, puedes elegir entre temer esa libertad o sentirte entusiasmado por ella. La vida y la carrera que deseas están bajo tu control.

Sé que probablemente no lo sientas así ahora mismo, pues yo también he estado en tu lugar, pero ahora, con veintiocho años y tras varias transiciones profesionales, puedo asegurarte que tienes más poder del que crees. Para aprovecharlo, te recomiendo que te plantees tres preguntas: ¿qué significa tener una carrera?, ¿quieres tener una? y ¿por qué es importante pensar en tus opciones ahora?

Empecemos por la primera: ¿qué significa tener una carrera profesional? Para encontrar la respuesta, primero hay que entender la diferencia entre una carrera y un trabajo. Las relaciones románticas pueden ser una buena analogía. Los trabajos son como las citas; sirven para un objetivo o una necesidad a corto plazo, como abrirse camino, ganar estabilidad o credibilidad, entre otras cosas. Una carrera, en cambio, se parece más a una relación. En una carrera, los distintos capítulos de tu vida están ligados a un compromiso con algo más grande: un ámbito, un sector o tu experiencia. No todas las citas conducen a una relación, del mismo modo que no todos los trabajos conducen a una carrera. Una relación se compone de muchas citas (o trabajos), actividades y períodos difíciles, igual que una carrera. Y, aunque no hay nada malo en abrirse camino en la vida con una serie de trabajos inconexos, es importante tomar esa decisión conscientemente.

Esto nos lleva a la segunda pregunta: ¿quieres tener una carrera profesional? Si estás leyendo este libro, lo más probable es que estés, como mínimo, un poco interesado en el concepto de desarrollar una. ¿Te entusiasma la idea de planificar un futuro basado en tus intereses y objetivos? ¿Tienes aspiraciones de desarrollo personal y habilidades que deseas aprender? Si es así, trabajar para desarrollar una carrera profesional es una buena opción.

Y, por último, ¿por qué es importante pensar en tu carrera en este momento de tu vida? Si acabas de empezar tu carrera, tienes tiempo de sobra para construirla, ¿verdad? Aunque el desarrollo profesional es un proceso que dura toda la vida, el trabajo de base que hagas al principio puede tener un gran impacto en tu futuro. No lo digo para asustarte, sino para animarte.

En su charla TED, Meg Jay, psicóloga clínica y autora de *La década decisiva*, afirma lo siguiente: «El ochenta por ciento de los momentos más decisivos de la vida tienen lugar antes de los treinta y cinco años. Eso significa que ocho de cada diez de los decisiones, experiencias y momentos clave que hacen de tu vida lo que es habrán ocurrido a mediados de los treinta». También se sabe que los diez primeros años de tu carrera predicen tus ingresos de por vida.[1] Pero no se trata solo de construir unos sólidos cimientos de buenos empleos bien remunerados, sino que los primeros años de tu carrera laboral son también el momento de crear unos sólidos cimientos internos.

Tus cimientos internos son una amalgama de quién eres realmente como persona, los objetivos que tienes para ti mismo, y los hábitos y habilidades que decides fomentar. Construirla es una cuestión de autodescubrimiento: ¿qué quieres realmente de tu carrera?, ¿qué pautas de comportamiento te frenan?, ¿cuáles son tus objetivos no negociables? El primer capítulo de este libro, «Valores, pasión y propósito», de Irina Cozma, puede ayudarte a empezar a contestar estas preguntas. Esta base es la que te guiará en tu camino y te ayudará a tomar decisiones seguras a lo largo de tu carrera.

Si todo esto te parece un poco abrumador, no pasa nada; también lo fue para mí cuando estaba empezando. Mis padres eran refugiados y yo entré en la universidad sin una hoja de ruta. Hasta que no conseguí mis primeras prácticas no empecé a desarrollar mis propios cimientos internos: definir mis aspiraciones, trabajar en mis habilidades y reflexionar sobre mis progresos.

Mi primer período de prácticas fue en la oficina corporativa de Prada, como apoyo logístico. Siempre me había interesado la parte comercial de la industria de la moda, así que me entusiasmó la idea de adquirir experiencia real en este campo, pero pronto me di cuenta de que el trabajo diario no era tan dinámico como yo quería. Buscando más variedad en mis responsabilidades, conseguí un puesto en una empresa emergente de tecnología de consumo, donde disfruté de un ritmo más rápido y la diversidad del trabajo. Aun así, me faltaba algo: quería más estabilidad.

Estas prácticas fueron mi vehículo para construir unos cimientos personales. Gracias a estas experiencias tangibles, comprendí mejor mis valores profesionales: necesitaba variedad, pero también estabilidad; descubrí mi pasión por la industria de la moda, al tiempo que perfeccionaba mi capacidad para adaptarme y afrontar la ambigüedad, y comprendí que ya estaba preparada para avanzar en mi carrera y probar algo nuevo.

Cuando empecé a buscar mi siguiente oportunidad, utilicé esos cimientos para ayudarme a decidir entre trabajar en una empresa de moda emergente o en finanzas. Tenía dos ofertas increíbles, una de Madewell y otra de Morgan Stanley. Así que me pregunté: «¿Qué prácticas se ajustan más a mis objetivos?, ¿qué oportunidad consideraría "la que se me escapó" si no la aceptaba?». Morgan Stanley salió vencedor, y resultó ser la decisión correcta para mí: disfruté de las finanzas y cambié de división para mis siguientes prácticas en Goldman Sachs. La banca de inversión ofrecía la variedad que había estado buscando desde mis primeras prácticas en Prada, ya que podía trabajar en acuerdos con varias empresas al mismo tiempo. Y, después de todas estas prácticas, acabé sumergiéndome en el mundo empresarial, la aplicación definitiva de mi adaptabilidad y flexibilidad.

Ninguna de estas decisiones resultó fácil, pero conocerme a mí misma a través de estas experiencias me ayudó enormemente. Cuando empieces a tomar decisiones meditadas sobre tu carrera, te animo a que sigas construyendo y apoyándote en tus cimientos. Consulta el capítulo 11, «Cómo tomar las mejores decisiones sobre tu carrera profesional», de Timothy Yen, para obtener más información sobre este tema.

Mi historia es solo una de las muchas que oirás a lo largo de tu carrera profesional. Estarás expuesto a un flujo aparentemente interminable de consejos profesionales de tus amigos, familiares, colegas y, por supuesto, de internet; y todo el mundo parecerá tenerlo todo resuelto. Es importante recordar que no todos los consejos que oigas sobre cómo construir tu carrera profesional te resultarán útiles, incluidos algunos de los consejos que doy en esta introducción. Espero que, a medida que leas este libro y navegues por tu vida profesional, te hagas las preguntas adecuadas y busques otros comentarios y opiniones antes de llevar a cabo cualquier movimiento importante. Ahí es donde puede ser útil tener una red con diversidad de perspectivas y visiones del mundo: la sección 3 de este libro se centra por completo en cómo crear esa red y movilizarla a lo largo de tu trayectoria profesional.

Naturalmente, esto significa que recibirás consejos contradictorios. Por cada persona que tomó una decisión, hay otra que tomó la contraria, y sus puntos de vista reflejarán estas diferencias. Por eso, cuando recibo un consejo, siempre me pregunto: «¿Cuál es la teoría del éxito de esta persona como profesional?». La mayoría de la gente tiene una, sea o no consciente de ello. Al proporcionar *feedback*, puede aparecer algo como: «Esto es lo que me funcionó a mí» o «Esto es lo que yo hice, y me arrepiento, así que te aconsejo otra cosa». En el capítulo 15, «Cuatro consejos profesionales que debería ignorar», Tomas Chamorro-Premuzic también comparte algunos consejos que pueden ayudarte a sortear el ruido.

Hay tantas perspectivas como experiencias, y en las siguientes páginas encontrarás solo algunas. El objetivo de este libro es servir de guía en los primeros años y en el proceso de desarrollo profesional, y en él se reconoce que el camino hacia el éxito y la realización profesional no es lineal y que no existe un plan definitivo que se deba seguir. Aunque puede que no haya una única forma correcta de enfocar tu carrera, tú tienes el poder de definir tu camino basándote en tus prioridades, creencias y objetivos particulares. En los siguientes capítulos nos adentraremos en los entresijos de la planificación profesional, la búsqueda de empleo, la creación de redes y el desarrollo de habilidades vitales que te serán de gran utilidad en tu trayectoria profesional.

Así que empecemos este viaje, armados con la certeza de que tu carrera es tuya para definirla y crearla. Es hora de construir tus cimientos.

Sección 1

¿Qué tipo de carrera quiero?

Valores, pasión y propósito

¿Qué debe guiar tu carrera?

por Irina Cozma

Si estás iniciándote en tu carrera laboral, seguramente ya te habrán aconsejado que debes definir tus valores, seguir tu pasión y encontrar tu propósito, pero todos sabemos que seguir estos consejos no es tan fácil como parece.

Identificar y comprender nuestros valores, pasión y propósito requiere introspección y autodescubrimiento. Precisa que examinemos nuestras creencias y motivaciones para obtener claridad sobre lo que realmente nos importa. Y ese es solo el primer paso.

Una vez que entiendas lo que realmente quieres, otro reto es aplicar esas aspiraciones a tu carrera profesional. ¿Debes seguir tu pasión o tu propósito? ¿Y si tus valores chocan con el trabajo de tus sueños? ¿Hay alguna forma de alinear tu visión de una carrera satisfactoria con el mercado laboral?

La única forma de responder a estas preguntas es comprender realmente los conceptos de valores, pasión y propósito, aclarar tu propia perspectiva sobre cada uno de ellos y reflexionar sobre lo que significan para ti y tu carrera profesional.

Valores

Piensa en tus valores como en la base de tu pasión y tu propósito; ellos definen lo que es importante para ti y, por tanto, pueden influir en las pasiones que persigues y en el propósito que intentas alcanzar.

Tus valores son tus respuestas a preguntas como: ¿qué es importante para ti en la vida? o ¿cuáles son tus puntos no negociables? Tener una respuesta a estas preguntas te aportará claridad y dirección a la hora de tomar decisiones sobre tu carrera y puede ayudarte a equilibrarte cuando te sientas frustrado o abrumado.

Define tus valores

Para definir tus valores, empieza por escribir los aspectos de tu vida que más te importan. Puede que sean los amigos, la familia, la estabilidad económica, la creatividad, la sostenibilidad..., tú decides.

Cuando pienses en tu lista, es importante que seas sincero contigo mismo y te centres en lo que es verdaderamente fundamental para ti. No te preocupes por qué valores te harán quedar bien a los ojos de los demás, ya que nunca tendrás que enseñar a nadie tu lista si no quieres.

Una vez que tengas una lista de palabras, es importante definir también lo que significan. No busques la definición del diccionario, sino una explicación de cada valor que te resulte útil. Por ejemplo, la forma en que yo defino mi valor de felicidad (la alegría en el proceso de lo que estoy haciendo) puede ser diferente a como lo definirías tú.

Debes saber que encontrar y estabilizar tus valores puede llevarte tiempo. A mí me llevó un año de reflexión continua antes de sentirme firme en los míos. Puede que empieces con una serie de valores y, meses después, acabes con una lista muy diferente. Y también es probable que cambien a medida que crezcas en tu vida y en tu carrera laboral.

Aun así, es importante que, una vez definidos tus valores, los memorices. Aquí tienes una prueba para ti mismo: si te despertara en mitad de la noche y te preguntara cuáles son tus valores, ¿serías capaz de enumerarlos? Si puedes, es más probable que los utilices de forma eficaz.

Emplea tus valores

Encontrar y definir tus valores requiere un trabajo duro, pero eso es solo el principio. Los valores no son solo conceptos abstractos, sino que deben manifestarse en tus acciones, decisiones y comportamientos. Cuando tus valores estén alineados con tus acciones, experimentarás mayor satisfacción y autenticidad. Para cosechar los beneficios de la identificación de valores, también tienes que vivir de acuerdo con ellos día tras día.

Consideremos el ejemplo hipotético de Val, una recién licenciada. Uno de los valores fundamentales de Val es la libertad. Para ella, la libertad consiste en ser independiente en sus acciones y en la toma de decisiones; es algo innegociable para ella. Val se dio cuenta de que, cuando la microgestionaban en sus prácticas, se sentía infeliz e infrautilizada. La gente le decía que así son las cosas al principio de la carrera: tienes que seguir las normas si quieres progresar. Ella comprendió que tal vez no tendría libertad total para seguir la carrera o las funciones que quería, pero sabía que podía encontrar un trabajo que le diera libertad para crear iniciativas o poner en práctica sus ideas. Cuando empezó a presentarse a entrevistas de trabajo, se propuso preguntar a sus entrevistadores cómo se delegaban las tareas en la empresa, cómo se procesaban las nuevas ideas y qué margen habría para crecer. A partir de las respuestas, Val pudo descartar las organizaciones y los directivos que podían atentar contra su valor de la libertad.

Pasión

La pasión es lo que te impulsa a explorar y participar en actividades acordes con tus valores. Lo fundamental de la pasión es el fuerte e intenso impulso emocional que alimenta su búsqueda. Es el profundo y ferviente interés y disfrute que te produce una actividad, causa o campo concreto.

Y es esta emoción la que a menudo crea un alto nivel de compromiso con la propia pasión, incluso en tiempos difíciles. Por ejemplo, muchos artistas siguen persiguiendo su pasión por el arte aunque nunca vean los beneficios económicos durante su vida.

Encuentra tu pasión

La pasión suele surgir del interior, impulsada por intereses y deseos personales. Es algo que haces porque te gusta de verdad, no necesariamente por recompensas o expectativas externas. Cuando algo te apasiona, te sientes atraído por ello de forma natural, y el mero hecho de dedicarte a esa actividad o de perseguir ese interés se convierte en algo intrínsecamente gratificante.

¿Qué actividades o pasatiempos de tu vida te producen una sensación de alegría y plenitud por el mero hecho de dedicarte a ellos sin ninguna recompensa o presión externa? ¿Seguirías haciéndolos aunque nadie te viera o nadie se enterara de nada? Si es así, es un indicador de que te apasiona de verdad.

Ten en cuenta que puedes tener varias pasiones en distintos ámbitos de tu vida. Por ejemplo, puede que te apasione la pintura, la cocina y la conservación del medioambiente. Tener varias pasiones puede resultar abrumador, pero debes saber que no tienes por qué elegir (a menos que realmente quieras hacerlo). Puedes priorizarlas y volver a priorizarlas, y dejar espacio para todas ellas en distintas proporciones y en distintos momentos de tu vida. Puedes elegir una para tu carrera y centrarte en otras fuera del trabajo. O puedes seguir una pasión al principio de tu carrera y realizar un cambio más adelante para satisfacer otra diferente.

Utiliza tu pasión

Saber lo que te apasiona puede guiarte de muchas maneras; desde ayudarte a encontrar una carrera que te encante hasta decidir qué pasos dar en tu camino o equilibrar tu trabajo y tu vida personal.

Tomemos el ejemplo hipotético de Nisha. Desde que Nisha tenía uso de razón, sus amigos se sentían cómodos con ella hablándole de sus problemas y a ella le encantaba ser su caja de resonancia. Le apasionaba ayudar a los demás y sabía que quería seguir una carrera relacionada con las personas. Cuando llegó el momento de elegir una profesión, se resistió a la sugerencia de su familia de dedicarse a las finanzas e insistió en explorar una carrera en la que pudiera trabajar directamente para ayudar a los demás. Entonces, profundizó más en el mundo de la psicología y descubrió que ser terapeuta coincidía con su pasión. Esto le ayudó a tomar decisiones sobre su carrera universitaria, si cursar o no estudios de posgrado y qué funciones le resultarían más gratificantes.

Propósito

El propósito es un concepto más amplio y profundo que engloba la forma en que confluyen tus valores y pasiones.

Es la razón más profunda de tu existencia; un sentido y una dirección en la vida que van más allá del disfrute o la satisfacción personales. El propósito suele implicar contribuir al bien común o servir a una causa mayor que uno mismo.

Descubre tu propósito

Para encontrar tu propósito, hazte preguntas como: «¿Cuál creo que es la razón última de mi existencia?» o «¿Qué problemas sociales o medioambientales me preocupan y de qué manera pueden contribuir mis habilidades, pasiones o recursos a abordarlos?». Estas son preguntas importantes que puede llevar tiempo procesar, así que no tengas prisa.

Es probable que tu propósito sea más concreto y singular que tu pasión. No es una noción vaga, sino un objetivo claro y concreto que aporta dirección y sentido a tu vida.

Piensa en tu propósito como en una declaración de principios para tu vida. Por ejemplo, el propósito de alguien puede ser aliviar la pobreza en su comunidad proporcionando recursos financieros a los microempresarios. En ese caso, podría buscar trabajo en el sector de la banca u otras instituciones financieras para aprender el sistema desde dentro.

Utiliza tu propósito

Al igual que tus valores, tu propósito puede ayudarte a guiar tus acciones y servir como punto de referencia central para la toma de decisiones en tu carrera. Puede ser un punto de referencia para la planificación a largo plazo, ayudándote a entender tu carrera en el contexto de lo que quieres conseguir en última instancia o del legado que quieres dejar.

Tomemos el ejemplo hipotético de Paola, quien identificó que su propósito era mejorar la accesibilidad de las personas con discapacidad. Paola no estaba contenta con su carrera, así que, cuando llegó el momento de replantearse su camino, pensó en su propósito. Su pasión por la naturaleza también la llevó a centrarse en la accesibilidad de los parques nacionales, así que empezó a pensar en cómo aprovechar esta oportunidad. Podía intentar encontrar un trabajo directamente en el Sistema de Parques Nacionales, podía trabajar para un grupo de defensa o para el Gobierno para influir en las políticas y la financiación, o podía trabajar en una empresa que diseñara infraestructuras para personas con discapacidad. Ante estas opciones, también pensó en sus valores: ¿qué camino le permitiría cumplir también sus valores de estabilidad económica y familiar?

Ten en cuenta que utilizar tu propósito para tomar decisiones profesionales puede requerir que priorices tu misión sobre las ganancias o comodidades a corto plazo. Asegúrate de tener claros tus valores no negociables y los sacrificios que estás dispuesto a hacer para cumplir tu propósito.

Armonía y tensión entre valores, pasión y propósito

En resumen, los valores son tus aspectos no negociables, la pasión se refiere a lo que te emociona y motiva, y el propósito es tu razón más profunda para existir. Estos conceptos están profundamente interconectados, y alinearlos te dará la mejor oportunidad de tener una vida y una carrera satisfactorias.

Pero la alineación perfecta no siempre es posible. Es probable que te encuentres con dificultades al intentar vivir según tus valores, perseguir tu pasión y encontrar tu propósito. Pueden chocar entre sí —puedes valorar la seguridad económica, pero tu pasión es tocar música en directo—, pueden topar con tus habilidades actuales —tu pasión es el desarrollo de videojuegos, pero no estudiaste informática— o pueden chocar con el mercado laboral actual —tu propósito es luchar contra la pobreza y dejar el mundo mejor de lo que lo encontraste, pero encontrar un trabajo sin ánimo de lucro es más difícil de lo que esperabas—.

Aun así, hay pasos que puedes dar para acercarte a esa alineación. Si eres contable y te gusta tocar música, puedes trabajar como contable en una productora musical y tocar música los fines de semana. Si te dedicas a las ventas pero quieres desarrollar videojuegos, puedes conseguir un trabajo de ventas en una empresa de videojuegos mientras desarrollas tus habilidades. Y si lo que quieres es marcar la diferencia en el mundo sin dejar de ganar dinero, considera un trabajo que te ofrezca estabilidad financiera y la posibilidad de hacer donaciones a organizaciones sin ánimo de lucro.

Mientras te asesoras sobre tu carrera y aplicas estos conceptos, debes saber que no pasa nada si no los tienes todos perfectamente definidos o alineados. Puede que tengas que priorizarlos en función de lo que te resulte más útil en ese momento. Habrá situaciones en las que tus valores te impulsen, y otras en las que lo harán tu pasión o tu propósito.

La verdad es que *los valores, la pasión* y *el propósito* no son más que palabras que influirán en tu vida en función del significado que tú les atribuyas. En tus manos está descubrir qué significan para ti y para tu carrera.

Breve resumen

Cuando se trata de desarrollar tu carrera profesional, seguramente ya has oído el siguiente consejo: define tus valores, sigue tu pasión y encuentra tu propósito. Pero ¿qué significan realmente estos conceptos?:

- Los valores son la base de tu pasión y tu propósito; definen lo que es importante para ti y deben manifestarse en tus acciones, decisiones y comportamientos.

- La pasión es lo que te impulsa a explorar y participar en actividades acordes con tus valores. Tu pasión puede ayudarte a encontrar una profesión que te encante y a decidir qué pasos dar en tu carrera.

- El propósito resume la forma en que se unen tus valores y pasiones. Es la razón más profunda de tu existencia y puede ser una guía útil para planificar tu carrera a largo plazo.

¿Deberías elegir tu pasión antes que tu sueldo?
Consulta este artículo y mira este vídeo:

¿Cómo puedo labrarme una carrera?

Crear un porfolio profesional (no una trayectoria profesional)

Una nueva forma de concebir tu crecimiento profesional

por April Rinne

Cada cuatro años, más o menos, algo dentro de mí cambia. Me siento inquieta y quiero aprender algo nuevo o aplicar mis conocimientos de otra manera. Es como si me despojara de una piel profesional y volviera a empezar de cero.

Cuando tenía veinte años, recibí todo tipo de críticas por ello. Cuando decidí ser guía de rutas de senderismo en vez de unirme a una empresa de consultoría, mis compañeros dijeron que mi currículum no tenía sentido. Cuando opté por aplazar los estudios de posgrado para viajar por la India, mis mentores cuestionaron mi seriedad y dijeron que mi futuro profesional podía estrellarse.

Sentía que me pasaba algo porque me interesaban muchas cosas, mientras que mis amigos se centraban en ascender en el mundo empresarial. No es que no fuera disciplinada o no estuviera dispuesta a trabajar duro, simplemente había demasiadas cosas que valía la pena aprender y hacer, y conformarme con una sola actividad me parecía un error.

Hoy en día, el mundo ha cambiado de forma asombrosa y profunda. Ampliar el enfoque de tu carrera y tu identidad profesional ya no se ve como algo negativo, sino que se celebra. Las macrofuerzas que impulsan el futuro del trabajo exigen pensadores independientes y adaptables. Cuando empieces a pensar en tu carrera, o sigas desarrollándola, intenta alejarte de la idea de que tiene que ser un camino y empieza a pensar en ella como en un porfolio.

¿Qué es un porfolio profesional?

Un porfolio profesional es una forma diferente de pensar, hablar y, lo que es más importante, diseñar tu futuro profesional para navegar por un mundo laboral en constante cambio con determinación, claridad y flexibilidad.

Mientras que una trayectoria profesional tiende a ser una búsqueda singular (subir las escaleras en una dirección y centrarse en lo que hay por delante), un porfolio profesional representa tu amplio y diverso recorrido profesional (incluidos los diversos giros y vueltas dados por propia elección o por otras circunstancias).

Mi porfolio, por ejemplo, incluye ser autora, conferenciante, futurista, asesora, abogada, guía de senderismo, ejecutiva de desarrollo global, inversora y practicante de yoga. Cada una de estas identidades tardó tiempo en desarrollarse. Algunas de ellas incluían trabajos tradicionales, mientras que otras significaban trabajo por cuenta propia, trabajo pro bono o inversiones *sweat equity*. Muchas son funciones que he desempeñado simultáneamente y durante más tiempo que mi período habitual de cuatro años, aunque mi impulso periódico de añadir otra a la lista no cesa.

Cuando empieces a crear tu propio porfolio, no tienes por qué tenerlo todo calculado. De hecho, probablemente sea mejor que no lo tengas. Eso es lo bueno de un porfolio. Al no estar centrado en un único fin, te da más espacio —y, francamente, más sabiduría— para probar cosas diferentes y encontrar tu camino.

¿Cómo crear un porfolio profesional?

Lo primero que hay que recordar es que ya posees un porfolio profesional, aunque no te des cuenta y nunca hayas tenido un trabajo remunerado. Así que empieza por identificar lo que hay en él.

Aunque tu porfolio puede incluir trabajos tradicionales remunerados, no te limites; piensa a lo grande. Tu porfolio lo creas tú, no lo determina otra persona por ti (como un montón de jefes de contratación). Refleja tu identidad profesional y tu potencial, e incluye tu combinación única de habilidades, experiencias y talentos, que pueden mezclarse, combinarse y combinarse de diferentes maneras.

Si has ayudado a cuidar a tus hermanos, has liderado un equipo de jugadores en línea o has realizado actividades de extensión comunitaria, incluye estas actividades en tu porfolio. De hecho, incluye cualquier función o actividad en la que hayas creado valor y servido a los demás: trabajos autónomos, voluntariado, servicios a la comunidad, proyectos paralelos, proyectos que te apasionen, aficiones, intercambios, crianza de los hijos, apoyo a tu familia y amigos, etc.

Tu currículum también debe incluir experiencias y capacidades que normalmente se omiten, pero que son fundamentales para conocerte. Por ejemplo, mi condición de huérfana, trotamundos, *handstander* insaciable y defensora de la salud mental son componentes esenciales de mi porfolio. Y todas esas identidades ayudan a impulsar el trabajo que hago.

La forma de llevar la cuenta de tu porfolio es una cuestión de preferencia personal. Te sugiero que, para empezar, crees una lista sencilla, pero, como el verdadero valor de tu porfolio está en su diversidad, querrás establecer conexiones entre los distintos puntos que lo componen.

Personalmente, yo dibujo mi porfolio, el cual parece una red con muchos nodos diferentes. A medida que añado nuevas habilidades, funciones o experiencias, voy añadiendo esos elementos a mi dibujo.

¿Cuáles son las ventajas de un porfolio profesional?

Desde un punto de vista práctico, un porfolio de proyectos suele conducir a una mayor apropiación de tu carrera, porque a diferencia de un trabajo que te da otra persona (y que determina tu alcance y si avanzarás o no), el porfolio de proyectos no te lo pueden quitar. Es tuyo para siempre.

Del mismo modo, un porfolio profesional te proporciona una identidad profesional única que evoluciona a tu lado (y no se resquebraja si pierdes un trabajo, cambias de marcha o incluso vuelves a empezar de vez en cuando). Está naturalmente alineado con el aprendizaje permanente y pensado para ayudarte a ampliar tu comunidad profesional y el acceso a oportunidades de liderazgo. Así que considera que tu porfolio también forma parte de tu estrategia para ser «desautomatizable».

Con el tiempo, el valor de tu porfolio aumentará gracias a su capacidad de polinización cruzada: combinar y entretejer las habilidades de tus distintas experiencias para obtener nuevas perspectivas, abordar nuevos problemas, diversificar las fuentes de ingresos y servir de nuevas maneras.

En un mundo de incertidumbre, se demandarán personas capaces de ampliar su pensamiento más allá de cajas, silos o sectores. Quienes se esfuercen ahora por crear un amplio porfolio profesional estarán más preparados para presentarse a nuevas oportunidades (e incluso para crearlas), ya que tendrán mucha práctica en establecer conexiones creativas entre sus diversas competencias y las requeridas para los puestos que más les interesen.

¿Cómo puedo utilizar mi porfolio profesional para conseguir los puestos de trabajo que quiero?

Es fundamental que tengas claro cómo tu porfolio te permite ser proactivo, aprender y contribuir de un modo que una trayectoria profesional tradicional no te permitiría. Es lo que yo llamo tu *porfolio narrativo*.

Los empleadores están ávidos de contratar talentos con antecedentes no tradicionales, pero a menudo necesitan ayuda. La narrativa de tu porfolio es el nexo de unión: es la historia que cuentas para establecer conexiones entre las competencias que se buscan y las que has desarrollado gracias a tu amplia experiencia.

Por ejemplo, cuando era guía de senderismo y ciclismo, algunas personas decían que mi carrera parecía frívola (o incluso «demasiado divertida»). Lo que no veían era que, como guía, no solo trabajaba 18 horas al día (era la primera en levantarme y la última en acostarme), sino que también aprendía a gestionar proyectos, a tener en cuenta las diferencias, a equilibrar presupuestos, a formar equipos, a garantizar la seguridad, a forjar amistades para toda la vida y a despertar la alegría. No tenía un título elegante ni ganaba mucho dinero, pero obtuve un mini-MBA práctico sobre el terreno y una perspectiva que daría forma al resto de mi vida.

A menudo, he tenido que cubrir esas lagunas por otros. Ser capaz de explicar por qué mi experiencia era valiosa de esta manera no solo dio forma a mi porfolio, sino que me ayudó a destacar entre otros candidatos cuando solicité trabajo.

Para contar con un buen porfolio narrativo es necesario comprender cómo se potencian mutuamente los distintos elementos de tu porfolio. ¿De qué manera la combinación de tus habilidades te da una ventaja? Me gusta pensar en esto como en «1 + 1 = 11»: la combinación de tus aptitudes es mucho más valiosa que cualquiera de ellas por sí sola. Por ejemplo, cuando respondas a las preguntas en una entrevista laboral, explica cómo aplicaste las habilidades que aprendiste en dos entornos muy diferentes para resolver un problema concreto.

• • •

El futuro del trabajo está lleno de incertidumbre. Es difícil saber qué hacer o confiar en que las cosas saldrán bien, pero tomar las riendas de tu porfolio es algo que puedes controlar y puedes empezar hoy mismo. Tu futuro te lo agradecerá.

Breve resumen

Cuando pienses en tu carrera, intenta dejar de lado la idea de que tiene que ser un camino y empieza a pensar en ella como en un porfolio:

- Mientras que una trayectoria profesional tiende a ser una búsqueda singular (ascender en la escala), un porfolio laboral representa tu diversa trayectoria profesional.

- Aunque tu porfolio puede destacar trabajos tradicionales remunerados, también debe abarcar tu identidad profesional, tus habilidades, experiencias y talentos.

- Establece conexiones entre las experiencias y aptitudes de tu porfolio, pues ello te ayudará a crear una narrativa en torno a tu experiencia y te dará ventaja a la hora de presentarte a posibles empleadores.

¿Buscas otra forma de plantearte tu carrera profesional?
Mira este vídeo:

3

Cómo labrarte una carrera que no odiarás

Piensa en tu futuro

por Michelle Gibbings

Tanto si acabas de empezar tu carrera profesional como si estás listo para dar el siguiente paso, necesitas enfocar tus objetivos profesionales de forma estratégica. Para avanzar necesitas intención, pero también flexibilidad; esto es, necesitas una guía profesional.

Una guía profesional es un plan bien pensado que pone de relieve lo que necesitas para progresar en tu carrera de una forma que te resulte verdaderamente significativa. Este enfoque me ha servido (y también a mis clientes) durante toda mi estancia en el mundo corporativo —y ahora como *coach* ejecutivo— ayudando a otros a dar los saltos pertinentes que harán avanzar sus carreras.

Crea tu propia guía profesional

Tu guía constará de cuatro partes. Cada una de ellas está pensada para retarte a pensar de forma crítica sobre lo que quieres y dónde deberías centrar tu energía. El objetivo final es identificar y dar los pasos precisos que te ayudarán a alinear tu carrera con tu propósito y tus habilidades más profundas.

Parte 1. Anota tus actuales trampas profesionales

¿Alguna vez te has sentido atrapado en un trabajo, unas prácticas o una clase? Tal vez sabías que algo no funcionaba, pero no sabías por qué. Esta sensación suele deberse a lo que yo llamo *trampas profesionales*, unos patrones de pensamiento o comportamiento que practicamos porque nos resultan familiares, aunque puedan tener un impacto negativo en nosotros. A veces, para que nos detengamos, reflexionemos y reconozcamos las trampas profesionales que pueden estar obstaculizando nuestro camino puede ser necesaria una crisis —una pandemia, un despido, un aburrimiento constante, agotamiento, una pérdida o una enfermedad importante—. Pero es mejor no esperar a que eso ocurra.

Según mi experiencia, hay cinco trampas en las que la gente suele caer. Sé proactivo y plantéate si has caído en alguna de ellas y cuáles pueden impedir tu progreso.

- *La trampa de la ambición.* Eres una persona de alto rendimiento acostumbrada al éxito y te preocupa que, si bajas el ritmo, dejarás de conseguirlo. Sin saber cómo frenar, tu solución es esforzarte más cuando aumenta la presión en el trabajo.

- *La trampa de las expectativas.* Te esfuerzas continuamente por cumplir las expectativas de los demás. En consecuencia, admitir que tienes dificultades y estás sobrecargado de trabajo destroza tu ego. Te preocupa que la gente piense mal de ti si reconoces que estás agotado o que eres incapaz de hacer frente a la situación.

- *La trampa del ajetreo.* Te gusta estar ocupado y lo consideras parte de tu identidad. Para ti, el trabajo siempre es lo primero. Como resultado, te cuesta decir no, bajar el ritmo o desconectar. Es probable que regularmente sacrifiques tiempo con tus seres queridos y tu salud por tu trabajo.

- *La trampa de la traducción.* Has trabajado duro para llegar donde estás, pero la felicidad que creías encontrar se te escapa. Posees todas las cualidades para el éxito, pero sientes que has perdido el rumbo porque tu papel no te llena ni te inspira, y tampoco se alinea con tu propósito. Al mismo tiempo, te preocupa cambiar de rumbo porque crees que tu trabajo actual es lo único que conoces.

- *La trampa de la adrenalina.* Vives tu vida con adrenalina, sin dedicar tiempo suficiente a cuidar de tu mente, tu cuerpo y tu espíritu. Estás agotado y sobrecargado de trabajo. Te dices a ti mismo: «Mañana me tomaré un descanso», pero mañana acabas igual de ocupado. Has olvidado que dar prioridad a tus necesidades de autocuidado es un acto crítico de liderazgo y crucial para una carrera sostenible.

Evitar estas trampas en tu carrera (y salir de ellas) implica hacer concesiones deliberadas, y decidir sobre esas concesiones será más fácil cuando tengas claro lo que realmente te importa.

Parte 2. Define tu objetivo

Tu propósito es tu por qué, la razón por la que haces lo que haces. Para algunos, puede ser llevar una vida feliz y sana. Para otros, puede ser crear una vida llena de aprendizaje y transmitir esas lecciones. El propósito puede girar en torno al estudio, la experimentación y probar cosas nuevas. Puede implicar servir a nuestras comunidades, asumir riesgos o aventurarse en lo desconocido. Sea cual sea tu propósito, las investigaciones demuestran que podemos encontrar sentido a nuestro trabajo poniendo nuestro porqué en el centro de nuestra toma de decisiones.

Entonces, ¿cuál es *tu* propósito? Responder esta pregunta no es fácil y no existe una fórmula mágica. Es un proceso iterativo que implica un examen de conciencia. Para empezar, presta atención a lo que te importa y te motiva.

Pregúntate a ti mismo:

- ¿Qué me importa?

- ¿Qué y quién me inspira?

- ¿Cuándo he estado más motivado?

- ¿Qué diferencia quiero marcar con mi trabajo?

- ¿Cuándo me he sentido más orgulloso de lo que soy como persona?

Cuando respondas a estas preguntas, ten en cuenta tanto tu vida personal como profesional. Este enfoque holístico resulta esencial porque no puedes separar tu trabajo del resto de tu existencia. Cualquier decisión personal que tomes te afectará profesionalmente (y viceversa).

Escribe tus respuestas y busca temas o puntos en común. Si eres más de pensar visualmente, puedes incluso intentar crear tableros de Pinterest para cada pregunta. El objetivo es captar tus pensamientos, sentimientos, estados de ánimo e impresiones. No es necesario que tus ideas estén perfectamente formadas, siempre y cuando tengan sentido. Con el tiempo, las ideas se filtrarán y surgirán, y las respuestas obvias te desbordarán. Cuando eso ocurra, sabrás que has dado con algo y te sentirás bien.

Una vez que conozcas tu propósito (que, por cierto, puede cambiar con el tiempo), puedes dejar los hábitos que no te sirven (las trampas de tu carrera) y hacer cosas que te acerquen a él. Por ejemplo, al elegir un trabajo o una carrera, o al decir que sí a un nuevo proyecto, puedes preguntarte: «¿Esto está en consonancia con lo que realmente me importa? ¿Me acerca un paso más a vivir una vida alineada con mi propósito?».

Si la respuesta a estas preguntas es afirmativa, sabrás que estás preparado para seguir adelante.

Parte 3. Documenta tus habilidades únicas y crea tu declaración de venta

Supongamos que quieres conseguir un trabajo que te suponga un gran esfuerzo y has encontrado uno que se ajusta a tu propósito de seguir aprendiendo. Para conseguirlo, tendrás que demostrar lo que te convierte en un buen candidato y, más aún, en mejor candidato que otros que puedan estar compitiendo por ese mismo puesto.

Dedica algo de tiempo a identificar tu punto de venta único (*unique selling point*, USP); es decir, las habilidades y experiencias que, combinadas, te hacen ser mejor que tu competencia.

Para encontrar tu USP, prueba este ejercicio:

- Divide una hoja de papel en dos columnas (o utiliza Google Sheets o un archivo de Word).

- En una columna, enumera las habilidades y competencias que sabes que tienes. Incluye habilidades técnicas y funcionales específicas del puesto (como programación, diseño o contabilidad), así como competencias no específicas (como resolución de problemas, creación de relaciones o creatividad).

- Para cada elemento de tu lista, pregúntate: «¿Qué valor o beneficio ofrece esto a un empleador?», y añade tus respuestas en la otra columna. Por ejemplo, tus habilidades digitales pueden ayudar a una organización a mejorar su presencia digital, o tus técnicas para entablar relaciones pueden ayudar a una empresa a mejorar su relación con los clientes.

- Analiza tu experiencia y conocimientos, y destaca tus puntos fuertes: las habilidades específicas que te convierten en un candidato especialmente valioso.

Una vez que hayas recopilado todos los datos, utiliza tu análisis para empezar a redactar tu declaración de venta, esto es, una breve explicación de quién eres, qué representas y el valor que puedes aportar a cualquier equipo, cultura u organización. Juega con las palabras y frases hasta que encuentres una combinación que capte con precisión tu esencia.

He aquí algunos ejemplos breves:

- *Ejemplo 1.* «Soy un enérgico profesional de las ventas comprometido con la creación de relaciones sólidas y fructíferas con los clientes. Con un historial demostrado de identificación y fomento de clientes potenciales y su conversión en relaciones satisfactorias con los clientes, creo flujos de ingresos sostenibles y de alta calidad».

- *Ejemplo 2.* «Me comprometo a marcar la diferencia ayudando a las personas a aprender y crecer en sus funciones a través de mi trabajo. Soy capaz de crear un sentido de propósito compartido entre los miembros de mi equipo para que podamos obtener resultados en un entorno operativo complejo y en rápida evolución. Para ello, pongo en primer plano el talento de cada persona».

Tu declaración de ventas tiene múltiples usos: puedes utilizarla como un discurso de ascensor para posibles empleadores y añadirla a tu currículum o perfil de LinkedIn. Recuerda, no obstante, que la elaboración de tu declaración no es un ejercicio de una sola vez. A medida que incrementes tus habilidades y experiencia, puedes —y debes— revisarla y reescribirla. Además, lo que valoran los empleadores cambiará con el tiempo, por lo que debes asegurarte de que tu USP sea actual, significativa y específica.

Parte 4. Aprovecha las oportunidades para expandirte

Es importante estar siempre buscando oportunidades que encajen con tu propósito y tus habilidades. Escribe una lista de proyectos o equipos internos en los que te gustaría trabajar, organizaciones a las que te interesaría presentarte en algún momento u oportunidades de voluntariado que te gustaría aprovechar. De este modo, cuando surja una oportunidad que encaje con tu propósito, tus objetivos, tus habilidades actuales y las que necesitas desarrollar para avanzar, estarás preparado. La clave aquí es ser estratégico en el proceso, no tienes que decir que sí a todas las oportunidades.

Y recuerda, las carreras de éxito no surgen por accidente ni sin la ayuda de los demás. Necesitas grandes personas a tu alrededor que te inspiren, te desafíen y te apoyen en el camino. También puede resultar útil elaborar una lista de personas o cargos específicos sobre los que te gustaría saber más y con los que te gustaría ponerte en contacto. Esto te ayudará a seguir construyendo tu red y a encontrar oportunidades que te hagan avanzar. Disponer de una amplia y profunda red puede ayudarte a ampliar tu visión de lo que es posible, a aprender más fácilmente cómo están cambiando tu sector y tu profesión, y a identificar dónde surgen nuevas oportunidades.

$$\bullet \ \ \bullet \ \ \bullet$$

Ahora es el momento de hacer el trabajo. Con tu guía profesional redactada, tu propósito a mano y tu atención centrada, estás listo para avanzar.

Breve resumen

Si quieres avanzar en tu carrera con intención, considera la posibilidad de crear una guía profesional. Sigue estos pasos:

- Identifica tus trampas profesionales, o los patrones de pensamiento que practicas porque te resultan familiares, aunque te afecten negativamente.

- Define tu propósito preguntándote qué te importa y por qué haces lo que haces.

- Identifica tu USP: las habilidades y experiencias que te hacen mejor que tu competencia a la hora de solicitar determinado empleo.

- Elabora una lista de proyectos o equipos internos en los que te gustaría trabajar, organizaciones a las que te interesaría presentarte u oportunidades de voluntariado que te gustaría aprovechar.

4

Cinco maneras de saber si un trabajo es adecuado para ti

Toma estas medidas antes de aceptar una oferta

por Roxanne Calder

¿Alguna vez has conseguido un trabajo o unas prácticas que te han hecho mucha ilusión, pero luego has pensado que aceptar la oferta fue un error? No te preocupes, no eres el único.

En una encuesta reciente realizada a 2.500 aspirantes *millennials* y de la generación Z, el 72 % de los encuestados se sorprendieron o arrepintieron de haber aceptado un puesto porque el cargo o la empresa eran muy diferentes de lo que les habían hecho creer, y el 41 % afirmó que le daría al trabajo entre dos y seis meses antes de dejarlo.[1]

La cuestión es la siguiente: que un puesto parezca perfecto no significa que lo vaya a ser y que un trabajo parezca que puede ayudarte a avanzar en tu carrera no significa que debas aceptarlo siempre.

Presenta tu candidatura a un puesto de trabajo aunque no reúnas todos los requisitos

por Janet T. Phan

Imagínate lo siguiente: entras en tu sitio web favorito de ofertas de empleo para buscar un nuevo puesto. Al desplazarte por la página, encuentras un puesto que parece perfecto. Te entusiasma la idea de solicitarlo basándote en la descripción, pero entonces, tus esperanzas y sueños se ven aplastados por los puntos «conocimientos necesarios» o «años de experiencia».

Con demasiada frecuencia las personas no solicitan un nuevo puesto simplemente porque no cumplen todos y cada uno de los criterios incluidos en la descripción del trabajo. Los estudios demuestran que, aunque hombres y mujeres comparten similitudes en la forma de navegar y buscar trabajo, las mujeres tienen un 16 % menos de probabilidades de solicitar un empleo después de verlo y también solicitan un 20 % menos de puestos que los hombres.[a] ¿La razón? En un informe se demostró que las mujeres se retiran si no cumplen el 100 % de los criterios, mientras que los hombres suelen presentarse después de cumplir el 60 %.[b] En ambos casos, quienes no se presentan suelen hacerlo porque creen que no se les contratará si no cumplen todos los requisitos, así que ¿para qué perder el tiempo y la energía?

Esto supone un gran reto, sobre todo cuando la mayoría de los empleos de nivel inicial siguen «exigiendo» uno o dos años de experiencia laboral previa. Si acabas de terminar los estudios o te acabas de incorporar al mundo laboral, no dejes que este u otros supuestos requisitos te limiten. Sigue estos consejos:

- Si eres licenciado universitario, cuenta las prácticas relacionadas con el puesto en tus años de experiencia.

- Si llevas cinco años de carrera y los criterios exigen ocho, presenta igualmente tu candidatura. Esto es válido para todos los puestos, ya que suele haber un margen de maniobra de dos o tres años en lo que respecta a la experiencia laboral.

- Si cumples aproximadamente el 60 % de los criterios, presenta tu candidatura.

Sea cual sea el resultado final, recuerda que nunca te tendrán en cuenta si no presentas tu candidatura. La clave está en conseguir la primera entrevista. Después, depende de ti elaborar tu historial laboral y tu experiencia para convencer al responsable de contratación de que eres el candidato adecuado para el puesto. Comprométete a presentarte de esta manera. La realidad es que no conseguirás todos los puestos, pero puede que consigas uno. Y nunca lo sabrás si no lo intentas.

[a] Deanne Tockey y Maria Ignatova, *Gender Insights Report: How Women Find Jobs Differently*, LinkedIn, s.f., https://business.linkedin.com/content/dam/me/business/en-us/talent-solutions-lodestone/body/pdf/Gender-Insights-Report.pdf.

[b] Tara Sophia Mohr, «Why Women Don't Apply for Jobs Unless They're 100 % Qualified», hbr.org, 25 de agosto de 2014, https://hbr.org/2014/08/why-women-dont-apply-for-jobs-unless-theyre-100-qualified.

Al igual que los empleadores te evalúan a ti, tú también deberías evaluar a tus posibles empleadores. Se trata de dedicar tiempo a saber qué implicará el puesto y cómo se alineará (o no) la organización con tus valores, potencial y objetivos profesionales.

Así que, cuando encuentres un puesto de trabajo que creas que te ayudará a dar un paso adelante en tu carrera, sigue estos pasos antes de aceptar la oferta para asegurarte de que es el puesto adecuado para ti.

Paso 1. Valida la descripción del puesto

Cuando se utilizan correctamente, las descripciones de los puestos de trabajo pueden proporcionarte información muy valiosa sobre una empresa o un puesto. Pueden darte pistas sobre las responsabilidades que tendrás, revelar cómo se medirá tu rendimiento e incluso ayudarte a evaluar tus aptitudes actuales.

Utiliza plataformas como LinkedIn o el sitio web de la empresa para empezar tu investigación. En LinkedIn, mira los perfiles de personas que podrían estar trabajando en funciones similares en la organización. Su historial laboral, formación y cualificaciones (competencias y conocimientos) pueden ayudarte a hacerte una idea realista del puesto y a evaluar tu propio nivel de competencias. Por ejemplo, si crees que los empleados que encuentras tienen mucha menos experiencia que tú, puede significar que el puesto es demasiado novel para ti a pesar del título. O puede que te des cuenta de que necesitas mejorar tus competencias para reforzar tu candidatura.

En ocasiones, la descripción de un puesto puede utilizar palabras o frases que suenen confusas o vagas. Por ejemplo, la frase «gestión de conflictos» podría significar cualquier cosa, desde «comunicarse claramente con los clientes» a «dirigir proyectos complejos» o «recuperarse rápidamente de los errores». Del mismo modo, un cargo sénior no siempre equivale a una función directiva o de alto nivel, dependiendo del tamaño y la estructura de la empresa.

Ten en cuenta que, desgraciadamente, no todas las descripciones de puestos ofrecen una representación exacta de su función. Algunas pueden estar desfasadas o haber sido elaboradas a la ligera. Por tanto, acércate a ellas con espíritu crítico y no temas hacer preguntas sobre la descripción durante las entrevistas.

Paso 2. Presta atención a la cultura de la empresa

Todas las empresas tienen una cultura: los valores, hábitos y comportamientos que definen su entorno de trabajo cotidiano. Si la cultura encaja bien contigo, es probable que te sientas cómodo y confiado aportando todo tu ser al trabajo. En cambio, si no encaja, puede que te resulte más difícil crecer y aprender en el puesto.

Para entender la cultura de una empresa, presta atención a cómo se comunican contigo desde el primer día: el primer correo electrónico que te envían, la primera llamada telefónica que tienes con tus reclutadores, tus entrevistas de trabajo e incluso los correos electrónicos de seguimiento. Después de cada intercambio, párate a pensar cómo te sientes. ¿Son transparentes, auténticos y empáticos? ¿Cuál es el tono y el comportamiento de las personas que facilitan el proceso? ¿Están interesados y deseosos de saber más sobre ti? Nervios aparte, ¿es fácil ser uno mismo y hacer preguntas?

Si acudes a una entrevista en persona, observa el entorno. Incluso cuando esperes en recepción, entabla una conversación con los empleados que pasen por allí. En una charla de tres minutos se pueden descubrir muchas cosas.

Durante la propia entrevista, formula al jefe de contratación preguntas detalladas sobre el entorno, la cultura y las prácticas de comunicación que prefiere el equipo al que deberías incorporarte. Por ejemplo, si eres introvertido, quizá quieras saber cómo colabora tu posible jefe con personalidades diferentes. Puedes preguntar:

- ¿Cómo se gestionan los errores?

- ¿Cómo se mide el éxito?

- ¿Cómo ha resuelto el equipo un conflicto o una situación difícil en el pasado?

- ¿Cómo se comunican y dirigen los directivos con personas de distintos orígenes?

- ¿Cómo me apoyarán si mi jefe trabaja en otra zona horaria?

- ¿Cuáles son las posibilidades de crecimiento en ese puesto?

- ¿Me apoyarán si quiero mejorar mis cualificaciones?

Pregunta por la rotación de personal, los ascensos internos y los traslados laterales, y pide ejemplos concretos con cada pregunta. Si sus respuestas son vagas, puede ser una señal negativa. Presta atención a su lenguaje y tono. ¿Congenian bien? ¿Te sentirías cómodo si esta persona te fijara objetivos y te diera su opinión? Esto también se aplica a los posibles miembros del equipo. Si tienes la oportunidad de conocerlos, pregúntate: «¿Me veo trabajando con estas personas y dependiendo de ellas?».

Paso 3. Discutir sobre el salario y los beneficios

En cuanto puedas, determina si el salario del puesto se corresponde con su valor de mercado. Sitios web como Glassdoor y Payscale suelen tener información sobre el valor de mercado de funciones específicas en distintos lugares. También puedes hablar con amigos y compañeros que trabajen en campos o puestos similares.

Si el salario no figura en la descripción del puesto, pregunta a la persona de Recursos Humanos que facilita el proceso cómo se determina la remuneración. Si estás en contacto directo con el responsable de contratación, menciónalo durante la primera entrevista. Tendrás que andar con pies de plomo: evita dar la impresión de estar hambriento de dinero, pero demuestra también que te tomas en serio la retribución y que la consideras un aspecto importante a tener en cuenta.

Entre las preguntas que puedes hacer figuran las siguientes:

- ¿Se estructurará la remuneración en función de mis ingresos y experiencia anteriores?

- ¿Dispone la empresa de bandas salariales internas o de alguna consultora de gestión externa que realice estudios para determinar la retribución justa?

- ¿Cómo se distribuyen las primas y ventajas?

No olvides el seguro médico, la guardería, las aportaciones a la pensión, el aparcamiento, las dietas de viaje, las vacaciones, las primas, el permiso parental, las políticas de bienestar y de trabajo desde casa, los horarios flexibles y otros beneficios; son tan importantes como el salario. Aunque el salario no sea competitivo, unas prestaciones sólidas e inclusivas pueden aumentar la retribución global y, lo que es más importante, indicar cómo valora y cuida la empresa a sus empleados.

Paso 4. Realiza tus propias comprobaciones de antecedentes sobre la organización (y el director)

La mayoría de las empresas van a comprobar tus referencias, y tú deberías hacer lo mismo con ellas. Si trabajas para una gran organización o una marca conocida, esta información puede ser más fácil de obtener. Las páginas web, los artículos, los comunicados de prensa y los informes anuales revelarán muchas cosas. También puedes indagar un poco más para conocer su reputación e integridad poniéndote en contacto con antiguos empleados en LinkedIn. Si se trata de una nueva empresa, investiga la financiación y la inversión para saber si la empresa es viable desde el punto de vista financiero y tiene potencial de crecimiento. Cuando se trate de tu posible jefe, consulta su perfil en LinkedIn, su sitio web u otras redes sociales. Esto te dará una idea de su formación y habilidades, así como de sus puntos de vista y valores. Conocer mejor a tus posibles compañeros antes de empezar a trabajar puede ayudarte a entender mejor el entorno en el que podrías trabajar.

Paso 5. Vuelve a centrarte en tus objetivos profesionales

Tu decisión de aceptar o rechazar una oferta debe basarse en tus intereses, valores y objetivos futuros. Imagina dónde te ves al menos dentro de dos años. ¿Quieres trabajar para una marca de prestigio? ¿Quieres tener acceso a formación y desarrollo? ¿Quieres progresar rápidamente? ¿Más dinero? ¿Más tiempo libre? ¿Más objetivos? No hay respuestas correctas o incorrectas.

Durante las entrevistas de selección, comparte tus objetivos con el responsable de contratación. Es una buena forma de determinar si la organización puede cumplir tus expectativas. Por ejemplo, si en el futuro deseas cursar estudios superiores, pregunta si existe una política de trabajo y estudio. Si te motivan los ascensos, pregunta cómo ha crecido y progresado la gente del equipo. Si quieres perfeccionar tus conocimientos técnicos y trabajar con los mejores del sector, pregunta por las oportunidades de tutoría o los programas de desarrollo. Incluso puedes preguntar al jefe qué espera del puesto dentro de dos años. ¿Cómo se alinean (o no) estas expectativas con tus objetivos? Ser claro y transparente sobre tus prioridades durante el proceso de selección te ayudará a tomar la mejor decisión y a evitar bloqueos en tu carrera al empezar un nuevo trabajo.

• • •

A simple vista puede parecer mucho trabajo, pero, cuanto más te involucres en el proceso, más seguro estarás de tus decisiones profesionales. El lugar de trabajo se está transformando en un lugar en el que aportamos todo nuestro ser, no solo nuestras habilidades y experiencia, y tanto los empleados como los empresarios están impulsando ese cambio. Te mereces encontrar un puesto y una empresa que se adapten a ti y a tus objetivos profesionales tanto como tú te adaptas a ellos.

Breve resumen

Al igual que los empresarios te evalúan a ti, tú deberías evaluar a tus posibles empleadores para asegurarte de que un puesto se ajusta a tus objetivos. Aquí tienes cinco cosas que puedes hacer:

- Utiliza plataformas como LinkedIn para asegurarte de que la descripción del puesto es exacta para el puesto anunciado.

- Para hacerte una idea de la cultura de la empresa, haz preguntas durante las entrevistas del proceso de selección sobre cómo suelen gestionar los errores, medir el éxito y apoyar el crecimiento.

- Pregunta por la retribución y las prestaciones: una retribución justa y unas prestaciones inclusivas pueden indicar que la empresa valora a sus empleados.

- Comprueba las referencias de la empresa poniéndote en contacto con antiguos empleados en LinkedIn.

- Imagina dónde te ves dentro de dos años. Comparte tus objetivos con el responsable de contratación para asegurarte de que la organización puede cumplir tus expectativas.

¿Es posible convertir cualquier trabajo en un empleo que te encante?
Escucha este pódcast:

5

Por qué deberías asumir más proyectos *stretch*

Pueden llevar tu carrera en una dirección inesperada

por Jahna Berry

Cuando piensas en cómo será el éxito en tu carrera profesional, ¿qué te imaginas? Quizá sea conseguir un puesto en la empresa de tus sueños u obtener por fin un trabajo que te ayude a llevar a cabo la transición a un nuevo sector.

Independientemente de lo que te venga a la mente cuando piensas en posibles triunfos profesionales, es muy probable que «aceptar un proyecto *stretch*» no estuviera en tu lista. Es hora de cambiar esto.

Una misión *stretch* es un proyecto que asumes en tu puesto y que requiere habilidades o conocimientos que van más allá de tu nivel de desarrollo actual. La razón por la que estos proyectos pueden resultar muy positivos para el crecimiento de tu carrera es que te ofrecen una gran oportunidad para aprender cosas nuevas, conocer a gente nueva y brillar en un ámbito nuevo.

Y esta es también la razón exacta por la que pueden dar tanto miedo. Puede ser aterrador asumir un proyecto para el que no estás totalmente preparado o no estás seguro de poder ejecutar a la perfección. Pero, si estás dispuesto a asumir el riesgo y lo haces bien, aceptar un proyecto *stretch* puede ser precisamente lo que te ayude a avanzar en tu carrera.

Por supuesto, las apuestas son más altas si tú, al igual que yo, eres *queer*, negro, mujer o tienes otras identidades superpuestas y trabajas en una industria en la que tú eres el único o uno de los pocos. Fracasar en una tarea desconocida es uno de los temores más comunes que he escuchado durante mi década como mentora y *coach* de líderes emergentes de color y directivos *queer*. Numerosas investigaciones demuestran que las mujeres, las personas de color y los miembros de la comunidad *queer* son más castigados cuando cometen errores.[1] Esto es cierto en todos los niveles de experiencia, desde CEO hasta estudiantes.[2] Quienes compartimos estas identidades sabemos que un revés o un error en el trabajo puede ser más difícil de superar, así que no es de extrañar que nos sintamos presionados para rendir a la perfección.

Aunque los prejuicios sistémicos son reales —y, en última instancia, son los líderes, los legisladores, los votantes y los organismos de control de la industria quienes deben abordarlos—, no somos impotentes. Basándome en mi propia carrera y en mi experiencia como mentora de otras personas, puedo decirte que, a pesar del miedo inicial, aceptar un proyecto *stretch* suele merecer la pena. Muchos de los ascensos que he conseguido se deben a que dije que sí a estas oportunidades. Dirigir un trabajo desconocido es una habilidad que se puede aprender y perfeccionar.

A continuación te explicamos cómo afrontar tu próxima misión y aprovechar la oportunidad para alcanzar tus objetivos profesionales.

Reconoce y cambia tus negativas

Cuando empiezas un proyecto *stretch*, puede resultar difícil no centrarte en todo lo que podría salir mal. Puede que temas que la gente descubra que no sabes lo que estás haciendo. Esto es especialmente cierto para aquellos de nosotros que tenemos identidades superpuestas o trabajamos en entornos plagados de microagresiones.

Si ya sientes la presión de tener que rendir a la perfección, en un momento de debilidad puedes experimentar pensamientos como «No pertenezco a este lugar», «No puedo hacer esto» o «La voy a liar». Una parte importante de tu éxito dependerá de tu capacidad para bajar el volumen del impostor que tienes en la cabeza.

Al principio de mi carrera, tuve la oportunidad de dirigir la reunión matutina diaria de un medio de comunicación en el que trabajaba. Mi trabajo consistía en dirigir la cobertura informativa, asegurándome de que se escuchaba la voz de todos, haciendo preguntas inteligentes y manteniendo a la docena de asistentes comprometidos y productivos. Hasta ese momento de mi carrera, la mayoría de las veces había visto a hombres o mujeres blancos desempeñar este papel de alto nivel. Rara vez, por no decir nunca, lo hacía una mujer de color. Las primeras semanas que dirigí la reunión, cada mañana se me hacía un nudo en el estómago.

Hoy reconozco que mi malestar inicial era un sentimiento natural. Yo era la única redactora negra de la redacción. Esto ha sido un aspecto recurrente en mi carrera: he sido la única becaria negra, redactora negra, directora negra, etc.

Una buena forma de cambiar de mentalidad es escribir un diario. Esta estrategia ha funcionado para muchos de los líderes que entreno. Cuando te sientas abrumado por las dudas, haz una pausa y tómate un tiempo para reflexionar. Escribe todas las veces que has intentado algo nuevo y lo has conseguido. Puede tratarse de una habilidad adquirida en el trabajo que te enorgullezca, como hablar en público, redactar textos publicitarios o analizar datos. También puede ser algo que hayas aprendido fuera del trabajo, como un nuevo idioma o cómo hacer amigos y crear una comunidad en una nueva ciudad.

No te limites a apuntar lo que has aprendido. Describe con detalle los contratiempos a los que te has enfrentado, los miedos que has sentido por el camino y cómo los has superado. Recordarte estas victorias te ayudará a ganar confianza y le dará a tu mente las pruebas que necesita para demostrar que eres capaz de asumir nuevos retos.

Incluso ahora, como directora de operaciones, a veces recurro a esta práctica ante tareas nuevas o desafiantes que sacuden mi confianza. Recordar las anotaciones de mi diario me ayuda a recordar que puedo confiar en mí misma para resolver las cosas.

Infórmate bien

Cuando te enfrentas a un proyecto de gran envergadura, lo más probable es que no recibas de antemano toda la información que necesitas para tener éxito. Así son las cosas cuando se entra a formar parte de un equipo nuevo o te presentas voluntario para una tarea que nunca se ha hecho. Esta falta de claridad puede ser especialmente difícil para quienes tienen identidades que se solapan.

Los líderes emergentes BIPOC*, mujeres y/o *queer* que trabajan en espacios predominantemente blancos, masculinos y heteronormativos operan en entornos que no fueron creados pensando en ellos. Esto significa que a menudo tienen menos acceso a las partes interesadas al más alto nivel de su organización que sus homólogos blancos, y también es menos probable que tengan colegas de alto nivel que les guíen y apoyen.

Si esta es tu situación, puede que a veces te retrases a la hora de captar señales no verbales o jerga que tus compañeros conocen bien, simplemente porque tú no has estado antes en la sala. Por ejemplo, puede que al principio no sepas que un ejecutivo de alto nivel siempre hace girar su bolígrafo cuando quiere que termines una presentación. O puede que no sepas que la gente comparte información clave en canales de Slack a los que no has sido invitado. Esta reserva de conocimientos puede extenderse a veces a los proyectos que se asumen, incluidos los proyectos *stretch*, los cuales son más difíciles por naturaleza.

Al comienzo de tu proyecto, intenta tener claras las expectativas de tu jefe, los plazos importantes, los objetivos específicos que debes alcanzar en esos plazos y las partes interesadas importantes a las que debes mantener informadas. Concierta una reunión individual con tu jefe para discutir a fondo estos puntos. Durante la reunión, pregúntale cómo debes comunicar tus progresos, quién necesita actualizaciones y cuándo, y qué medio debes utilizar para transmitir la información (reuniones en persona, correos electrónicos, actualizaciones rápidas en Slack, etc.). ¿En qué puntos de decisión quiere participar tu supervisor? ¿A qué miembros del equipo,

---

* BIPOC: término que se usa para referirse de manera conjunta a distintos grupos que sufren discriminación racial en Estados Unidos: personas negras, indígenas y de color. (*N. del E.*)

departamentos o colegas de alto nivel afectará el proyecto? Y, lo que es más importante, ¿qué aspecto tiene el éxito?

Por ejemplo, puede haber un alto ejecutivo en otro departamento que tenga autoridad tácita o explícita sobre una parte de tu proyecto. Una vez que lo sepas, podrás empezar a pensar estratégicamente en sus objetivos y anticiparte a las preguntas que pueda hacerte a medida que avance el proyecto. Incluso puedes planear una reunión con él para conocer mejor sus expectativas.

Con cada hito que alcances, consulta a tu jefe o a las partes interesadas sobre los objetivos originales de la tarea, ya que muchos proyectos tienden a evolucionar con el tiempo.

Haz una visita guiada

Es posible que al principio te sientas indeciso o nervioso al reunirte cara a cara con colegas o ejecutivos de alto nivel. Una visita como oyente es una buena manera de superar ese miedo, tender puentes con los distintos equipos y adquirir rápidamente los conocimientos que necesitas para ejecutar tu proyecto *stretch*.

Al inicio del proyecto, comunica a las partes interesadas y a tu jefe que tienes previsto celebrar una serie de reuniones individuales para ponerte al día sobre la iniciativa. Cuando te pongas en contacto con ellos, explícales el proyecto que diriges y qué información quieres obtener de ellos. Sé breve. Puedes decir algo como «Me pongo en contacto con usted porque estoy liderando X iniciativa. Estoy hablando con todas las partes interesadas clave para aprender todo lo que pueda. Usted y su equipo son expertos en X, y me encantaría ponerme en contacto con ustedes para saber más sobre cómo funciona X, cómo trabaja su equipo y cómo podemos colaborar mejor».

Aprovecha la reunión para hacer tres cosas: comunica con transparencia que aún no eres un experto en la materia, muestra un interés sincero por aprender más y da a las personas que sí son expertas la oportunidad de mostrar todo lo que saben. Tu objetivo no es convertirte inmediatamente en un experto, sino hacer preguntas con conocimiento de causa que te ayuden a desempeñar mejor tu función. Intenta hacer preguntas similares en cada reunión para que puedas ver patrones u otra información importante en tus notas.

He aquí algunas preguntas que me gusta hacer durante las visitas guiadas:

- ¿Cómo acabó trabajando aquí/en este proyecto?

- ¿Cuál es su papel y el de su equipo en este proyecto?

- ¿Qué debemos dejar de hacer? ¿Qué debemos seguir haciendo?

- ¿Qué es lo que resulta más difícil?

- ¿Cómo hemos acabado haciendo el proceso XYZ de esta manera?

- ¿En qué teme que me equivoque?

- Si pudiera agitar una varita mágica, ¿qué haría?

- ¿Con quién más debería hablar?

Si la parte interesada comparte tu opinión, pero no da más detalles, puedes decir algo como: «Vaya, es una observación interesante. ¿Por qué lo dice?». Si compartís un proceso complejo que te resulta difícil de entender, explícale que te cuesta digerir su punto de vista y pídele que lo vuelva a explicar como si estuviera hablando con un familiar que no trabaja en el sector. Esto le ayudará a comunicarse con más claridad.

Aunque hacer preguntas de seguimiento puede resultar embarazoso —especialmente si eres un líder emergente y no quieres que la gente dude de tus capacidades—, lo más importante es que entiendas cómo encajan las piezas de tu proyecto. Piensa en estas conversaciones como en una oportunidad apasionante para aprender algo nuevo y destacar en tu tarea.

Cuando acabe la conversación, da las gracias a la otra persona y pregúntale: «Si me encuentro con algo que no entiendo, ¿puedo volver a ponerme en contacto con usted?». La gente apreciará tu esfuerzo por informarte. Independientemente de su antigüedad, si este proyecto y su éxito son importantes para ellos, querrán apoyarte y verte triunfar.

Confía en tu instinto

A medida que te vayas abriendo camino en esta apasionante tarea, recuerda que debes ser un poco más flexible. Los estudios demuestran que los conocimientos especializados no son probablemente lo que más valoran tu nuevo equipo o tus colaboradores. En una investigación interna de Google sobre la gestión, los conocimientos especializados ocupaban el último lugar en la lista de las ocho cualidades que hacen a un buen gestor.[3] ¿Qué era lo más importante? Destacar en la tarea principal encomendada al directivo: gestionar el equipo.

Así que, si te han pedido que dirijas un proyecto de una gran iniciativa, centra la mayor parte de tu energía en dirigir ese proyecto con excelencia, pues es muy probable que te hayan elegido para dirigir un proyecto sobre un tema desconocido *porque* eres un gran gestor de proyectos.

Un componente importante para liderar con confianza es confiar en tu capacidad para resolver los problemas. Esto puede resultar difícil al principio, sobre todo si eres un líder emergente BIPOC, mujer y/o *queer* —en estos casos, tu sensación personal de seguridad en el trabajo puede provenir de evitar las críticas o de cambiar constantemente de código—, pero recuerda que este proyecto es una oportunidad para perfeccionar nuevas habilidades. Concéntrate en aprender a filtrar la información, discernir los detalles más importantes y aprovechar *tu propia experiencia* para tomar decisiones.

Y recuerda: no dejes que el miedo guíe tus decisiones. Sigue tu intuición.

Pero ¿cómo distinguirlos? A mis alumnos siempre les digo que utilicen un ejercicio llamado «Lo sabía mejor», adaptado del trabajo de la *coach* Shirin Eskandani.[4] Este ejercicio consiste en escribir todas las veces que tuviste la corazonada de hacer algo pero, en contra de tu buen juicio, no lo hiciste. Al final, si te encontraste pensando «Lo sabía», esa corazonada inicial era tu intuición.

Cuando recuerdes ese instinto inicial, piensa en qué sentiste en tu cuerpo y memorízalo, y la próxima vez que tengas la intuición de hacer algo, escríbelo. Toma nota de cuándo lo haces y cuándo no. El objetivo de este ejercicio es utilizar estos momentos como puntos de datos para que puedas aprender cómo sientes tu instinto visceral cuando estás atascado en un punto de inflexión durante tu nuevo proyecto.

• • •

Encargarse de un proyecto fuera de tu área de especialización es una forma estupenda de crecer como líder. Como cualquier oportunidad, te pondrá en una situación en la que tendrás que superar la incomodidad. Arriésgate y ofrécete voluntario para las tareas que te llamen la atención, ya que ello podría llevar tu carrera en una dirección positiva e inesperada.

Breve resumen

Encargarse de un proyecto *stretch*, es decir, de un proyecto que requiere habilidades que superan tu nivel actual, puede ayudarte a aprender y a crecer en tu carrera laboral. Ten en cuenta estos consejos cuando aceptes uno:

- Cuando te sientas abrumado por las dudas, escribe todas las veces que has intentado algo nuevo y lo has resuelto con éxito.

- Al principio del proyecto, intenta que las partes interesadas te aclaren sus expectativas, los plazos importantes y los objetivos concretos que debes alcanzar.

- No dejes que el miedo a fracasar venza a tu intuición. Piensa en todas las veces que tuviste una corazonada, pero no la seguiste. Recuerda esta sensación y confía en ella la próxima vez que te surja.

¿Qué debes hacer cuando te ves empujado fuera
de tu zona de confort en el trabajo?
Escucha este pódcast:

Sección 3

¿Quién puede ayudarte?

6

¿Quieres avanzar en tu carrera? Crea tu propio consejo de administración

No es lo mismo que tener varios mentores

por Susan Stelter

S i estás leyendo esto, lo más probable es que tengas muchas preguntas sobre la creación de una carrera profesional. ¿Qué camino satisfará tus necesidades personales y profesionales? ¿Deberías centrarte en dejar huella o en aprender nuevas habilidades? ¿Es mejor conciliar la vida laboral y familiar o trabajar más horas para demostrar tu valía?

Cuando se es nuevo en el mundo laboral, estas preguntas son difíciles de responder por uno mismo, sobre todo cuando las cosas parecen tan inciertas. Puede que carezcas de la información necesaria para tomar una decisión con seguridad. Puede que no estés seguro de cómo deben ser los siguientes pasos. Incluso puede que necesites más tiempo para definir tus valores fundamentales. Saber lo que quieres y cómo conseguirlo requiere ensayo y error, y es probable que necesites ayuda.

Así pues, necesitas un consejo de administración profesional.

Este concepto, propuesto originalmente por Jan Torrisi-Mokwa en su libro *Building Career Equity* (Construyendo equidad profesional), no es lo mismo que tener varios mentores. Tradicionalmente, un mentor es un colega o profesional veterano cuyo trabajo admiras profundamente. Es posible que quieras emular su estilo de liderazgo, aprender de su experiencia o seguir sus pasos. Las tutorías suelen ser relaciones formales e individuales que pueden requerir un compromiso temporal significativo.

En cambio, un consejo de administración profesional es una red más amplia de personas que actúan como asesores independientes. Al igual que una empresa busca orientación en su consejo de administración, estas personas están ahí para ofrecerte apoyo en un sentido más amplio. Cada director suele estar especializado en un área diferente: un gran gestor, un escritor hábil, un autónomo experto, un padre sabio, un amigo compasivo, un colega con talento, etc. Por eso, cada uno puede ofrecerte consejos específicos de su especialidad.

El objetivo es reunir a un grupo de personas con experiencias completamente distintas a las tuyas que puedan ofrecerte una nueva perspectiva cuando lo necesites. Puedes dirigirte a ellos con peticiones más pequeñas que las que harías a un mentor, aunque, con el tiempo, algunos de ellos pueden llegar a desempeñar ese papel.

Aunque no hay una forma correcta o incorrecta de construir un consejo, he aquí algunas sugerencias que suelo dar a mis clientes para ayudarles a empezar con buen pie.

Paso 1. Sé consciente de tus puntos fuertes, carencias y aspiraciones

No puedes solicitar la ayuda de alguien sin saber primero lo que necesitas de él. Para averiguarlo, tienes que saber cuáles son tus puntos fuertes, tus puntos débiles y tus objetivos. Empieza por evaluar en qué punto se encuentran tu carrera y tu vida personal, y cómo quieres que cambien (o no) en el futuro.

Pregúntate:

- ¿Cómo quiero que sea mi primer trabajo? (si procede).

- ¿Qué me gusta de mi puesto actual? ¿Qué es lo que no me gusta?

- ¿Cómo puedo hacer más de lo que me gusta y alejarme de lo que no me gusta?

- ¿Qué me gusta hacer fuera del trabajo? ¿Hay aficiones que me apasionen o nuevas actividades que quiera explorar?

- ¿Qué habilidades me faltan ahora mismo? ¿Sé qué hacer para mejorar?

- ¿Cómo imagino que será mi trayectoria profesional?

- ¿Quiero un ascenso? ¿Quiero hacer un movimiento lateral o encontrar un puesto completamente nuevo?

- ¿Cómo voy a compaginar mi crecimiento profesional con mis objetivos personales, como formar una familia o mudarme?

Estas preguntas pueden variar en función de la etapa profesional en la que te encuentres. Por ejemplo, alguien que está pensando en formar una familia puede centrarse más en el equilibrio entre la vida laboral y personal, mientras que un recién licenciado puede estar más interesado en definir sus valores e intereses profesionales. La idea es que te esfuerces y profundices en lo que es importante para ti ahora y en los próximos tres a cinco años.

Después de anotar tus respuestas, utilízalas para escribir una breve carta (de 300 a 500 palabras) a tu futuro yo. Piensa en dónde quieres estar dentro de tres años, en qué quieres mejorar, de qué necesitas ser más responsable y en qué áreas de tu trabajo o de tu vida te vendría bien un poco de orientación.

He aquí un ejemplo:

Querido yo del futuro:

Sé que soy una persona muy motivada, creativa, colaboradora y decidida a la que le apasiona ayudar a los demás a resolver retos complejos. Sé que quiero convertirme en un mejor científico de datos y utilizar mis habilidades para crear impacto social, especialmente para hacer frente al cambio climático. Dentro de tres años espero:

- Ascender a un puesto directivo y dirigir un equipo motivado a mis órdenes.

- Aprender técnicas de visualización de datos para ser mejor en mi trabajo, así como comprender las habilidades necesarias para gestionar un equipo.

- Ampliar mi red profesional poniéndome en contacto con otros científicos de datos y personas que trabajan en los sectores del clima y la energía para aprender de sus experiencias, recibir información periódica sobre mis habilidades y entablar nuevas relaciones.

- Priorizar mi salud manteniendo una rutina de ejercicio regular de cuatro días a la semana y no comprometer mi sueño como hago ahora.

- Reservar tiempo para realizar un voluntariado al menos una vez a la semana, algo que ahora mismo soy incapaz de poner en marcha.

Escribir esta nota te ayudará a averiguar cuáles son tus aspiraciones y en qué aspectos necesitas mejorar. También te ayudará a comprender qué tipo de orientación necesitas y qué personas pueden serte más útiles a la hora de crear tu consejo de administración. Por ejemplo, tu interés por abordar el cambio climático podría empujarte a encontrar a otros compañeros apasionados por el sector energético que puedan ayudarte a aportar ideas sobre cómo enfocar el problema. Tu deseo de crear una rutina saludable puede animarte a ponerte en contacto con personas en distintas etapas de su carrera para saber cómo establecen los límites entre el trabajo y la vida privada.

Por último, debes entender que tus objetivos no van a ser estáticos. Evolucionarán con tu carrera y, a medida que lo hagan, deberás ponerte en contacto con nuevas personas que te ofrezcan perspectivas diferentes.

Paso 2. Elige a los miembros del consejo de administración

Empieza por mirar a tu alrededor. ¿Hay personas en tu vida que te sirvan de inspiración? Dependiendo del consejo que necesites, podría ser un antiguo compañero, el padre o la madre de un amigo, un orientador profesional, un antiguo compañero de la universidad o incluso tu supervisor. Ponte en contacto con personas de distintos entornos socioeconómicos, sectores, funciones y organizaciones. Contar en tu consejo con personas de distintos sectores y etapas de la vida ampliará tu perspectiva, te enseñará nuevas formas de hacer las cosas y te permitirá ampliar tu red de contactos.

Cuando pienses a quién incluir, pregúntate:

- ¿He elegido a un par de personas que ya han alcanzado un objetivo que tengo para mí o que me han inspirado?

- ¿He elegido a personas de orígenes diversos?

- ¿He elegido a personas que me desafiarán a pensar y actuar de forma crítica? ¿Me han apoyado a mí y a mis objetivos en el pasado?

- ¿He elegido a personas que también se beneficiarán de esta relación?

Yo suelo aconsejar a mis clientes que limiten su consejo de administración a entre tres y seis consejeros.

Paso 3. Llegar a la gente

Tu consejo de administración puede ser tan informal o formal como tú desees. Algunas personas optan por tratar simplemente a sus elegidos como miembros del consejo sin decírselo explícitamente, mientras que otras hacen peticiones más oficiales.

Si decides informar a los miembros de tu consejo de administración, hazles una llamada u organiza una reunión en persona con ellos, y sé directo, conciso y profesional. Explica por qué te pones en contacto con ellos, qué esperas obtener de la relación y qué admiras de ellos o crees que puedes aprender de ellos.

En tu mensaje inicial, podrías decir algo así:

Hola, [nombre]:

Me dirijo a ti porque estoy creando un consejo de administración profesional, básicamente un grupo de personas a las que admiro mucho y de las que espero aprender a medida que avance en mi carrera profesional. Has sido una gran amiga para mí en los últimos cinco años y valoro mucho tu orientación. Tu pasión por defender los derechos de los demás me inspira y me encantaría saber más sobre cómo apoyar las causas que te interesan.

¿Estarías dispuesta a mantener una conversación conmigo por teléfono o tal vez tomando un café? Me encantaría incluirte en mi consejo de administración.

Durante la charla, habla con franqueza sobre cuáles son tus expectativas y si el posible miembro del consejo puede cumplirlas. ¿Deseas una reunión mensual? ¿Prefieres hablar por teléfono o en persona? Intenta ser flexible y procura adaptarte a medida que avance la relación.

Por ejemplo, puedes decir: «Espero que podamos vernos en persona o hablar por teléfono una vez al mes para conversar sobre los proyectos en los que estamos trabajando. Me encantaría compartir contigo cualquier idea útil, y viceversa. También tendría curiosidad por saber más sobre las organizaciones sin ánimo de lucro que apoyas y cuál es la mejor manera de defender las causas más adecuadas».

Si un posible miembro del consejo no puede comprometerse, no pasa nada, agradécele su tiempo y pregúntale si puedes volver a hablar con él más adelante. Podrías decir: «Gracias por ser sincero conmigo sobre tus compromisos actuales. ¿Te importaría que volviéramos a hablar de esto dentro de un par de meses, cuando tengas más tiempo?».

Paso 4. Retribuye a tu consejo de administración

Gestionar un consejo de administración profesional requiere cierto tiempo y esfuerzo. Recuerda que no se trata solo de ti. Del mismo modo que tu consejo te está ayudando a encontrar la plenitud en tu carrera, ellos deberían recibir esa misma plenitud formando parte de tu viaje. Por ejemplo, si te ascienden después de un montón de entrevistas simuladas con diferentes directores de tu consejo, celebradlo juntos, envíales una nota de agradecimiento escrita a mano o dales las gracias en LinkedIn.

Hay muchas formas significativas de relacionarse con tu consejo. Si, por ejemplo, un miembro de tu consejo quiere cambiar de sector, quizá puedas ayudarle poniéndole en contacto con alguien que conozcas. Si uno de ellos necesita información sobre la solicitud de admisión a la universidad de su hijo, puedes intervenir y ofrecerte a ayudarle. Si un miembro quiere ampliar su red de contactos, preséntale a los distintos miembros de la junta directiva. Cuanto más sólida sea tu relación con cada miembro, más fácil te resultará reconocer las formas en que puedes contribuir a su éxito y crecimiento.

• • •

Decidir cómo avanzar en tu carrera profesional puede ser una experiencia aislante y llena de ansiedad, pero no tienes por qué hacerlo solo. Crear un consejo de administración profesional es un gran paso para tomar las riendas de tu futuro, cultivar una valiosa red de colaboradores y, en definitiva, encontrar la plenitud en tu vida y a través de tu trabajo.

Breve resumen

Cuando acabas de empezar tu carrera profesional, crear un consejo de administración personal puede ayudarte a tomar decisiones y avanzar. Aquí te explicamos cómo formar uno:

- Sé consciente de tus puntos fuertes, tus puntos débiles y tus objetivos. Evalúa en qué punto se encuentra tu carrera y cómo quieres que cambie.

- A continuación, elige a los miembros de tu consejo de administración. Ponte en contacto con personas de distintos entornos socioeconómicos, sectores, funciones y organizaciones que puedan ayudarte a alcanzar tus objetivos.

- Por último, cuida a tu consejo con conversaciones y gestos significativos. Puedes poner en contacto a tus directores entre sí u ofrecerte a ayudar si alguno de ellos busca orientación.

¿Cómo se construye una red cuando acabas de empezar tu carrera? Escucha este pódcast:

7

Qué decir al contactar con alguien en LinkedIn
Temas de conversación y ejemplos de mensajes

por Kristi DePaul

S i la creación de redes no es una de tus prioridades, debería serlo. Cultivar tu red de contactos ofrece muchas ventajas: mayores oportunidades de aprendizaje, perspectivas profesionales más amplias, acceso a las opiniones de los líderes y opciones laborales más inmediatas, entre otras.[1] Y no hay mejor lugar (al menos *online*) para construir tu red que LinkedIn.

LinkedIn ofrece la oportunidad de seguir las tendencias, realizar conexiones significativas y mantener un currículum digital curtido al que los reclutadores y posibles empleadores pueden acceder y revisar fácilmente. El problema es que, aunque LinkedIn puede ayudarte a crear tu red de contactos y tu carrera profesional, poca gente lo utiliza bien, sobre todo cuando se trata de llegar a nuevos contactos.

Errores comunes que se cometen al establecer contactos en LinkedIn

Si no te atreves a ponerte en contacto con la gente en LinkedIn o si lo haces sin obtener respuesta, hay estrategias que puedes utilizar para incrementar tus posibilidades. Pero, antes, veamos cinco errores comunes que puedes estar cometiendo:

- *No sabes lo que quieres.* ¿Has pensado por qué te pones en contacto con alguien? ¿Buscas más información sobre un puesto o una empresa? ¿Una relación que pueda crecer? ¿O un salvavidas hacia un posible futuro mentor o empleador?

- *Estás anteponiendo tus propias necesidades.* No seas egoísta. Nadie responderá a un «Me encantaría poder conectar contigo» a menos que sepa qué gana con ello.

- *Tus mensajes son débiles.* Los mensajes genéricos y no personalizados tienen pocas probabilidades de éxito. Como dice el empresario Larry Kim: «¿Cuáles son las once palabras más aburridas de la lengua inglesa? *Me gustaría añadirte a mi red profesional en LinkedIn"*».[2]

- *Utilizas un tono incómodo.* A veces, incluso los mejores mensajes se topan con el silencio o con una respuesta fantasma. Aun así, muchos siguen acercándose a desconocidos de formas que nunca emplearían en persona.

- *No estás siendo lo suficientemente persuasivo.* Si no has sido capaz de convencer a la otra persona de por qué realmente quieres conectar con ella, lo más probable es que no responda.

Crea mensajes que obtengan respuestas

Ahora que has identificado los errores que puedes estar cometiendo, veamos cómo puedes superarlos y poner las probabilidades a tu favor. No, no existe un manual ni un atajo, pero puedes abrirte camino a través del ruido empleando enfoques respaldados por la investigación, como los principios de persuasión de Cialdini, y tomando prestadas prácticas probadas tanto de gente normal como de líderes del sector.[3]

Me puse en contacto con expertos, empresarios y autores especializados en este campo —de mi red de contactos y algunos con los que no tenía relación— para saber más sobre cómo formular mensajes que..:

- Sean auténticos.

- Resuenen en los destinatarios de cualquier nivel.

Y esto es lo que me dijeron.

Si buscas asesoramiento sobre una trayectoria profesional o cambiar de trabajo

Las personas no son oráculos laborales que esperan tu mensaje solicitando su sabio consejo. Piensa detenidamente en el tipo de orientación que deseas y, a continuación, identifica a la persona más adecuada a la que dirigirte.

«La claridad es la clave para llegar a los clientes en frío —me dijo Cynthia Johnson, autora de *Platform: The Art and Sciencie of Personal branding* (Plataforma: el arte y la ciencia de la marca personal)—. Asume que la persona a la que te diriges está ocupada y quiere darte el mejor consejo posible. Si eres directo y específico en cuanto a lo que le pides y por qué se lo pides, habrás creado el ambiente perfecto para una respuesta segura y meditada».

Enviar un mensaje vago (y demasiado común) del tipo «¿Puedo preguntarte algo?» no será útil. Tim Herrera, editor fundador de Smarter Living en *The New York Times*, recomienda ser directo y transparente para mejorar las posibilidades de recibir una respuesta: «Sea cual sea la pregunta, el mejor favor que puedes hacerte es no andarte con rodeos. Estás preparando al destinatario para que te dé exactamente lo que quieres porque sabe exactamente qué es. Le has quitado la ambigüedad, lo que le ahorrará tiempo y esfuerzo mental, y además estás preparando el intercambio para que sea lo más productivo y eficaz posible. Y por supuesto —añade—, siempre hay que ser amable y cortés».

He aquí un ejemplo de nota precisa pero flexible en el tiempo:

> Erica, tu trayectoria profesional me ha llamado mucho la atención. Estoy muy interesada en desarrollar mi carrera como [función]. Como has trabajado en ese puesto, ¿tendrías algo de tiempo para darme algunos consejos sobre cómo conseguirlo? Te agradecería mucho una breve llamada cuando puedas.

Si deseas que alguien revise su currículum o carta de presentación

Cuando hagas este tipo de petición, ponte en el lugar del receptor e intenta responder a esta pregunta por adelantado: «¿Por qué se pone en contacto conmigo?». Reconoce que le estás pidiendo un favor.

He aquí un mensaje persuasivo y considerado que me enviaron:

Hola, Kristi:

Has creado una carrera realmente interesante en el lide-razgo de pensamiento, y [contacto mutuo] mencionó que le fuiste de gran ayuda mientras revisaba su currículum. Como espero progresar en [mi puesto actual], me encantaría que me dieras tu opinión sobre mi carta de presentación, si tu agenda te lo permite.

Recibir una solicitud como esta, cuidadosamente formulada, es algo poco común, ya que no supone en absoluto que yo deba proporcionar una edición laboriosa de la solicitud de alguien. Una vez más, el reconocimiento de que estoy utilizando mi tiempo para ayudar importa. En los casos en los que otras personas a las que he ayudado me han remitido a solicitantes de empleo, es aún más probable que responda. Si alguien a quien ayudo devuelve el favor ayudando a otras personas de su entorno, la inversión merece la pena. En otras palabras: menciona siempre una recomendación si la tienes.

Si deseas información sobre una oferta de trabajo y/o el proceso de selección

«Todos tenemos agendas muy exigentes y estamos un poco agotados —explica Amber Naslund, consultora principal de contenidos en LinkedIn, un puesto que consiguió tras consolidar una presencia constante en la plataforma—. Los mensajes abiertos del tipo "Me preguntaba si tienes alguna vacante..." no resultan útiles porque todos los detalles están en la página de empleo de la empresa, y eso hace que el trabajo recaiga en la persona a la que preguntas».

Según Naslund, es mejor preguntar sobre un puesto específico y ver si alguien está dispuesto a presentarte a un reclutador, hacer una recomendación interna o responder a las preguntas que tengas sobre ese puesto o la empresa. «Ser respetuoso con el tiempo, la experiencia y las relaciones de los demás puede ser muy útil a la hora de encontrar tu próximo trabajo», me dijo. El profesional al que te dirijas podría ser, por ejemplo, un compañero de equipo que trabaje en estrecha colaboración con el puesto en cuestión o la persona que sería tu supervisor inmediato.

Podrías probar con un mensaje como este:

> Hola, Cameron:
>
> He visto que tu empresa necesita contratar a un asistente de *marketing*. Como creo que trabajarías directamente con esta persona, sería estupendo conocer tu opinión sobre el puesto. Me gustaría saber más sobre él y las responsabilidades antes de presentar mi candidatura. ¿Dispondrías de unos minutos para hablar conmigo al respecto dentro de una o dos semanas?

Si te diriges a un posible mentor

Antes de enviar una invitación para conectar con un posible nuevo mentor, investiga si esa persona podría estar interesada en ejercer como tal.

Cynthia Johnson recomienda buscar un líder que demuestre que tiene experiencia en las áreas en las que buscas tutoría y que da muestras de tener cierta disponibilidad.

Johnson encontró a su mentor de toda la vida en LinkedIn: «Evalué su experiencia haciendo búsquedas diligentes y evaluaciones exhaustivas de sus comunicaciones en línea con otras personas». Identificó los grupos a los que se había unido en la plataforma, incluidos algunos en los que observó que era muy activo, y también se unió a ellos. «Su actividad me dijo que estaba interesado en debatir y que posiblemente tenía un poco de tiempo extra para trabajar conmigo —explica—. Tú también puedes hacer este tipo de evaluación y encontrar un mentor increíble».

Cuando escribas a un posible mentor, asegúrate de haber hecho los deberes. Aquí tienes un ejemplo de mensaje que podrías enviar:

> Hola, Divya:
>
> ¡Tus artículos sobre tecnología educativa en el foro de educación STEM (acrónimo en inglés de ciencia, tecnología, ingeniería y matemáticas) me han hecho reflexionar! He hecho prácticas en algunas empresas de este sector y estoy entusiasmada con mis próximos pasos, pero sin duda me vendría bien la orientación de una profesional con experiencia como tú. ¿Estarías dispuesta a charlar sobre esto?

Si necesitas ayuda tras haber perdido recientemente tu empleo

Contextualizar tus mensajes marcará la diferencia. Si buscas ayuda para encontrar trabajo, entabla una conversación sobre tu experiencia, lo que buscas y quién crees que podría serte útil, explica Amber Naslund. «Es una forma estupenda de preparar la conversación e incrementar las probabilidades de que un nuevo contacto esté dispuesto a hacer algunas presentaciones útiles. Las redes de las personas son sacrosantas; la mayoría de nosotros hemos trabajado muy duro durante años para ganarnos la confianza de nuestras redes y de las personas con las que hemos trabajado, así que no es probable que abramos camino a cualquiera y hagamos presentaciones frías».

He aquí un ejemplo de lo que podrías decir para que la otra persona sepa por qué te pones en contacto con ella:

Hola, Eitan:

Estoy buscando unirme a un equipo impulsado por la misión, como el tuyo, y acabo de ver el *post* de tu colega sobre el puesto de director de productos. ¿Serías la persona adecuada para preguntar sobre algunos de los requisitos técnicos? Dime si puedo enviarte un correo electrónico privado.

• • •

Según un viejo proverbio chino, el mejor momento para plantar un árbol fue hace veinte años; el segundo mejor momento es ahora. Así que, si no has cultivado tu red de contactos, es hora de empezar. Es comprensible que contactar con personas que nunca has conocido te resulte intimidante y que te suponga un problema enfrentarte a un posible rechazo. Intenta recordar que el rechazo no solo es normal, sino que también indica que estás apuntando lo suficientemente alto como para alcanzar un éxito aún mayor. Cualquier tipo de crecimiento implica cierto riesgo. La ventaja: aprenderás valiosas lecciones y podrás mejorar continuamente por el camino.

Breve resumen

Establecer contactos en internet, especialmente en LinkedIn, puede resultar complicado, pero existen formas de conseguir que tus mensajes a posibles contactos destaquen:

- Si no recibes respuesta, piensa en qué puede estar fallando en tu enfoque. ¿No estás seguro de lo que realmente quieres?

- Expresa claramente tus intenciones al ponerte en contacto con alguien; evita frases banales como «¿Puedes informarme?» y menciona referencias personales si las tienes.

- Investiga por tu cuenta antes de ponerte en contacto con alguien. Por ejemplo, si las ofertas de empleo de una empresa se encuentran fácilmente en internet, no preguntes a nadie si hay alguna vacante.

¿Cómo puedes optimizar tu presencia en LinkedIn?
Mira este vídeo:

8

Cinco preguntas que hay que realizar durante una entrevista informativa

El debate podría ayudarte a conseguir tu próximo puesto

por Sean O'Keefe

¿Qué carrera es la más adecuada para mí? Responder a esta pregunta puede ser un proceso confuso y agotador. ¿Por dónde empezar y a quién pedir consejo?

A veces puedes pensar que has encontrado el trabajo perfecto, pero te preguntas si la descripción dada en línea describe con exactitud lo que harás en el puesto. O puede que estés considerando varias opciones a la vez y no estés seguro de cuál elegir. ¿Qué preguntas deberías hacerte para tomar una decisión con conocimiento de causa?

Concertar una cita para charlar con alguien que trabaje en ese puesto o en la empresa que estás considerando es una forma estupenda de obtener una perspectiva interna de lo que implica esa carrera. Estas charlas suelen denominarse *entrevistas informativas* o, como a mí me gusta llamarlas, *conversaciones profesionales*.

Las conversaciones sobre carreras profesionales son un medio para conocer de manera informal funciones, organizaciones y sectores. También son una forma estratégica de desarrollar defensores internos, proporcionarte los conocimientos necesarios para conseguir el puesto que buscas y ser remitido a procesos de entrevistas formales.

Consigue una conversación

El primer paso para llevar a cabo una conversación profesional con éxito es conseguir que un profesional diga que sí a tu solicitud de acercamiento. Haz una lista de las organizaciones en las que quieres trabajar y, a continuación, investiga a los profesionales de esas empresas que lleven entre cinco y diez años de carrera y puedan estar en condiciones de hacer contrataciones de nivel inicial.

Los mensajes de contacto que tienen éxito suelen ser breves y amables. Empieza con una frase introductoria sobre quién eres, menciona por qué esa persona en concreto podría serte útil y sé flexible en la programación. Por ejemplo:

> Hola, [nombre]:
>
> Soy estudiante de último curso en [universidad] y estoy explorando mis opciones profesionales en estrategia organizativa. Me pongo en contacto con usted para solicitar una breve conversación y así poder saber más sobre su puesto y cómo ha llegado hasta él. Su experiencia y sus consejos

me ayudarían mucho a tomar decisiones más informadas a la hora de empezar mi carrera laboral. Estaré encantado de hablar con usted cuando le vaya bien.

Lo más importante es que envíes un mensaje de seguimiento unos dos días después, y otros tres si sigues sin recibir respuesta. La persistencia es la clave. Si sigues sin tener noticias de esa persona, busca la siguiente mejor alternativa.

Una vez que hayas fijado un tiempo para charlar, tienes que prepararte. Escribe una serie de preguntas por orden de prioridad y, a continuación, modifícalas según sea necesario durante la conversación. No pasa nada si te sales del guion; estas preguntas están ahí para guiar la conversación. Recuerda que estás ahí para aprender todo lo que puedas y entablar una relación, que es mucho más importante que las preguntas preparadas.

Prepara el terreno

Una vez que hayas conseguido la reunión virtual o en persona, empieza con una pequeña charla. Comienza con algunas preguntas sencillas y abiertas antes de preguntar sobre su carrera. La conversación debe basarse en una conexión humana genuina, no debe parecer una entrevista de investigación.

Agradece a la otra persona el tiempo que ha dedicado a charlar contigo. Después, en el primer o segundo minuto, puedes preguntarle cómo le va el día, dónde se encuentra (una buena forma de iniciar una conversación por videollamada) o en qué está trabajando.

A continuación, haz una breve descripción de quién eres y por qué te interesa hablar con él. Menciona los aspectos más destacados de tu educación y tu trabajo y/o prácticas y sé sincero sobre cualquier decisión o incertidumbre actual a la que te enfrentes. Esto le dará a la otra persona el contexto necesario para conocerte un poco mejor y poder serte más útil.

Obtén respuestas

Ahora es el momento de obtener las respuestas que buscas.

Las siguientes cinco preguntas están diseñadas para ayudarte a obtener una visión interna de la empresa o la carrera laboral que te interesa, así como a conectar a nivel humano con la persona con la que estás hablando.

1. **¿Podría explicarme su trayectoria profesional, empezando por sus experiencias en [nombre de la universidad a la que asistió] y las prácticas o trabajos que realizó antes de ocupar el cargo de [su puesto actual]?**

Esta pregunta empujará a la otra persona a compartir los detalles más relevantes de su trayectoria profesional y cómo ha llegado a su trabajo actual. También demuestra que has investigado sobre su formación. Esta pregunta te dará una idea de las decisiones clave y los peldaños que le han llevado hasta donde hoy está (y de cómo puedes llegar tú también).

Posible pregunta de seguimiento: «¿Qué necesitó para pasar de un puesto a otro?».

2. **Entiendo que [comparte lo que sabes sobre sus obligaciones laborales]. ¿Podría darme más detalles sobre cómo es su día/ semana típico?**

Si te interesa saber más sobre los ritmos y rutinas diarios del trabajo de esa persona, esta pregunta puede ayudarte a desmitificar sus responsabilidades y tareas laborales. Mientras la persona responde, pregúntate si podrías imaginarte levantándote cada día y haciendo felizmente el trabajo que describe. ¿Te inspirarían las mejores partes del trabajo? ¿Las partes más difíciles serían tolerables?

Posible pregunta de seguimiento: «¿Qué parte de su trabajo le parece más interesante y cuál más difícil?».

3. ¿Qué habilidades son las más importantes para un trabajo como el suyo?

Comprender qué habilidades se requieren para un trabajo es una información clave y procesable. Te proporciona una hoja de ruta sobre las capacidades que deberías aprender o mejorar si aspiras a un puesto similar. Ten en cuenta que esta respuesta probablemente variará en función del puesto y la antigüedad de la persona. Es probable que los empleados de la parte inferior de la jerarquía utilicen habilidades más técnicas y orientadas al detalle para realizar su trabajo, mientras que los empleados con más antigüedad probablemente pasen más tiempo gestionando, desarrollando y dirigiendo a otros.

Posible pregunta de seguimiento: «¿Existen otras competencias que considere especialmente útiles en los próximos cinco años para un estudiante como yo que se inicia en este sector?».

4. ¿Cuál cree que es la mejor manera de conseguir unas prácticas (o un trabajo) en este sector (o en esta empresa)?

Un profesional que desempeñe (o haya desempeñado) el trabajo al que estás pensando optar te podrá dar consejos mucho más concretos y útiles que cualquier artículo que leas. Las páginas web de las empresas son a veces imprecisas en cuanto a lo que buscan en los candidatos, así que preguntar a un jefe de contratación o a un empleado actual probablemente te proporcione información más práctica. También es posible que descubras habilidades o experiencias en las que puedes invertir para aumentar tus probabilidades de que te contraten en el sector que deseas.

Posible pregunta de seguimiento: «¿No tener conocimientos sobre [nombre de la habilidad] es un factor decisivo?».

5. **Me interesa mucho hablar con gente [en X sector, en Y puesto o en Z empresa]. ¿Con quién más me recomendaría que me pusiera en contacto?**

Esta pregunta es muy valiosa porque te abre la posibilidad de entablar conversaciones adicionales sobre tu carrera profesional que pueden incrementar tu capital social y ampliar tus oportunidades de conseguir puestos en el mercado laboral oculto (puestos que no se anuncian en internet). En función de tus intereses, puedes preguntar por otros empleados de la misma empresa, profesionales de un sector específico o personas con un conjunto similar de experiencias vitales que compartan algunos de tus intereses. Esta pregunta debe hacerse hacia el final de la conversación.

Posible pregunta de seguimiento: «¿Le importaría presentarme a [nombre de la persona]?».

• • •

No temas desviarte de esta lista. Tú aportas tu experiencia personal y tus objetivos a la conversación, así que haz preguntas por las que sientas verdadera curiosidad en relación con la carrera profesional de la otra persona. Probablemente te sorprenderá y entusiasmará lo amable y servicial que puede llegar a ser la gente, incluso los profesionales de éxito y muy ocupados.

Breve resumen

Una entrevista informativa puede ser una buena forma de conocer mejor una trayectoria profesional, un puesto o la experiencia de una persona. A continuación te explicamos cómo abordarla:

- Crea una lista de personas de las que te gustaría aprender y ponte en contacto con ellas con un mensaje breve. Cuando te digan que sí, prepara una serie de preguntas para sacar el máximo partido a la conversación.

- Comienza con algunas preguntas abiertas antes de preguntar sobre su carrera profesional. A continuación, haz preguntas para saber cómo consiguió su puesto y qué habilidades deberías fortalecer.

- La conversación debe estar impulsada por una auténtica conexión humana, no debe parecer una entrevista de investigación.

9

¿Estás aprovechando al máximo tus contactos?

Los contactos son un medio para alcanzar un fin

por Deborah Grayson Riegel

Nuestros contactos pueden servir para muchas cosas: pueden ayudarnos a entender nuestros objetivos, a conseguir trabajo y a explorar nuevas oportunidades profesionales. Pero, para mí, los contactos, mi red de contactos, son algo más que un medio para alcanzar un fin. Me gusta pensar que mi red tiene tres objetivos fundamentales:

1. *Me proporciona ideas, experiencias y perspectivas que amplían mis conocimientos y mi forma de pensar.* Esto me convierte en un recurso valioso para mis colegas y clientes.

2. *Me permite ayudar a los demás.* Aunque muchos pensamos que nuestros contactos son personas que pueden *ayudarnos*, debemos recordar que esas relaciones se basan en un *quid pro quo*. Tengo mucha energía, inspiración, conexiones, recursos y apoyo que dar.

3. *Me ayuda a mejorar mis habilidades de comunicación.* Tener una red amplia y diversa me da la oportunidad de practicar las mismas habilidades que ayudo a otros a desarrollar como parte de mi trabajo de *coaching* y formación. Desde la comunicación en entornos virtuales hasta las conversaciones difíciles, mi red es el laboratorio perfecto para practicar.

Del mismo modo, puedes aprovechar el poder de tus contactos para obtener beneficios que vayan más allá de conseguir un empleo. He aquí cómo.

1. Utiliza tus contactos para aprender

Los contactos son uno de los principales conductos de conocimiento del mundo. A lo largo de nuestra vida, aprendemos de las personas que conocemos. La difusión del conocimiento a través de una red se asemeja a la propagación de una infección. En otras palabras, el aprendizaje es contagioso.[1]

Todos podemos beneficiarnos de la sabiduría, los conocimientos y la experiencia que nos aportan nuestras redes. De hecho, existe un término para esto: *inteligencia de red.*

Este tipo de aprendizaje no solo procede de las personas con las que interactuamos más a menudo. Curiosamente, es más probable que aprendamos de nuestros vínculos latentes, o de antiguos colegas, compañeros y amigos con los que hemos perdido el contacto.[2] Como no estamos constantemente en contacto con estas personas, tienen mucho que ofrecernos. Mientras nosotros vivimos nuestras vidas, creciendo y aprendiendo, ellos hacen lo mismo. Reconectar nos permite intercambiar esa información, compartir conocimientos y presentarnos mutuamente habilidades que podemos aprovechar.

Cómo contactar con el objetivo de aprender

- *Construye tu red de contactos para complementar tu conocimiento de diferentes sectores y áreas de especialización.* Esfuérzate por ponerte en contacto con personas de formación y antecedentes diversos; personas de distintos géneros, razas, sexualidades y capacidades, y personas de distintas geografías, culturas, campos y sectores.

- *Piensa en lo que sabes y, más concretamente, en lo que sabes hacer.* Ofrece tus conocimientos a las personas que quieran aprender de ti a cambio de sus consejos y experiencia. También debes tener en cuenta tus conocimientos «más allá del trabajo». Por ejemplo, yo no soy agente de viajes, pero mis contactos suelen recurrir a mí para que les ayude a planificar viajes, ya que he viajado mucho. Del mismo modo, tengo un contacto que se especializó en prácticas de atención plena, al margen de su trabajo diario, y puedo llamarlo cuando necesito un poco de apoyo emocional.

- *Recupera los lazos débiles.* Envía un correo electrónico a un antiguo colega, compañero, profesor o amigo con el que hayas perdido el contacto. No tiene por qué ser complicado ni debes disculparte. Puedes decir algo como: «¡Hola! He estado pensando en ti y me he dado cuenta de que han pasado unos cuantos años desde la última vez que hablamos. Me encantaría que nos pusiéramos al día cuando te vaya bien. ¿Te apuntas? Y, si es así, ¿prefieres hablar por teléfono, por Zoom o tomar una taza de café?». Haz un seguimiento una o dos veces y, si no recibes respuesta, inténtalo de nuevo dentro de unos meses.

2. Utiliza tus contactos para ayudar a los demás

Los seres humanos somos criaturas prosociales, lo que significa que estamos predispuestos a ayudar a los demás. Ayudar puede producirnos un subidón similar al de los corredores, en el que liberamos endorfinas que nos hacen sentir bien. Ayudar a los demás también activa nuestro sesgo de reciprocidad. Cuando ayudamos a alguien, es más probable que nos ayuden a cambio.

Gran parte del trabajo con los contactos consiste en pedir cosas, por lo que ofrecer tus conocimientos, habilidades, consejos o experiencia es una forma de diferenciarte y establecer vínculos más profundos con personas que pueden ayudarte a desarrollar tu carrera profesional.

Cómo contactar con el objetivo de ayudar

- *Desarrolla tu fluidez de ayuda (gama de formas en las que puedes ser útil a tu red más allá de establecer contactos).* Piensa en qué se te da bien, qué te gusta hacer y para qué suelen pedirte ayuda los demás. Esto puede ir desde escuchar con empatía y dar charlas de ánimo hasta ayudar a alguien a celebrar una gran victoria. Puedes ayudar a tus contactos a combatir la soledad simplemente tendiendo la mano.

- *Identifica algunas oportunidades fáciles de ayudar a las personas de tu red personal.* Se trata de actividades que, para ti, son fáciles, gratificantes, satisfactorias y requieren poco tiempo. Por ejemplo, si eres un gran editor y puedes hacerlo fácil y rápidamente, ofrécete a corregir el currículum y la carta de presentación de un contacto que se esté preparando para embarcarse en el mundo laboral.

- *Piensa a largo* plazo.[3] Piensa en tus objetivos profesionales a largo plazo (de uno a tres años) e identifica a tus contactos que pueden ayudarte en el futuro. Ahora es el momento de ofrecerles ayuda. Por ejemplo, quizá tengas un amigo de la universidad que trabaja en un sector que te gustaría explorar en el futuro. Ponte en contacto con él para reconectar, ver cómo están las cosas y preguntarle en qué necesita ayuda. Podría tratarse del acceso a una conexión profesional, para aprovechar una habilidad que tú tienes, o incluso algo más personal, como una recomendación para un contable. No lo sabrás hasta que te pongas en contacto con él. No pienses en ello como en un *quid pro quo*, sino considéralo una inversión en tu futura relación que puede dar sus frutos.

3. Utiliza tus contactos para mejorar tu capacidad de comunicación

Muchos de nosotros odiamos hablar con extraños, pero hacerlo nos da la oportunidad de practicar nuestras habilidades de conversación. La creación de redes personales requiere que escuchemos a los demás: sus necesidades, valores, puntos débiles, intereses y esperanzas. Sin embargo, se nos da bastante mal. Según un estudio de la Universidad de California, los que no hemos trabajado específicamente para desarrollar nuestra capacidad de escucha solo entendemos y retenemos alrededor del 50 % de cualquier conversación. Cuarenta y ocho horas después, ese porcentaje desciende a menos del 25 %.[4]

Por eso es tan importante practicar. La creación de redes nos permite perfeccionar habilidades que nos ayudarán en todas las demás facetas de nuestra carrera: curiosidad, persuasión, confianza y presencia ejecutiva, además de aprender a hablar de forma atractiva y mantener la atención del público.

Son habilidades que nos convierten en mejores solucionadores de problemas, responsables de la toma de decisiones, oradores, presentadores y comunicadores. Nos enseñan a hacer preguntas inteligentes y a compartir nuestras ideas sin exponerlas en exceso ni dominar las conversaciones.

Cómo contactar para mejorar tu capacidad de comunicación

- Identifica una o dos habilidades de comunicación que te gustaría mejorar (como escuchar sin interrumpir o describir lo que haces de forma sucinta) y practícalas durante la siguiente conversación de *networking*. Si te sientes especialmente atrevido, pide a tu nuevo contacto que te dé su opinión.

- Mantén una conversación con uno de tus contactos que sepas que tiene opiniones políticas, sociales, religiosas o de otro tipo diferentes a las tuyas. Practica el diálogo respetuoso y el intercambio de ideas. Dirige la conversación con curiosidad.

- Practica tus dotes de presentación sugiriendo a tu nuevo contacto que se reúna con alguien de tu red actual. Cuenta una historia convincente sobre cómo conociste a esa otra persona, explica por qué crees que sería un buen recurso para tu nueva conexión y pregúntale si puedes hacer una presentación. A continuación, escribe un correo electrónico claro, conciso y convincente presentando a estas dos personas.

• • •

El trabajo con los contactos no debe limitarse a lo que necesitas en ese momento. Se trata de aprender, ayudar a los demás y crecer a lo largo del proceso. No te subestimes: aprovecha tus contactos al máximo.

Breve resumen

Trabajar en los contactos es algo más que un medio para conseguir un fin. Aquí tienes tres formas de aprovechar tus contactos y conseguir ascender en tu carrera:

- **Intercambia conocimientos.** No tengas miedo de acercarte a tus lazos latentes: conectar te permitirá intercambiar información, compartir conocimientos y aprender nuevas habilidades.

- **Ayuda a los demás.** Cuando ayudamos a alguien, es más probable que nos ayuden a cambio. Piensa en tus objetivos profesionales a largo plazo e identifica a las personas de tu red que pueden ayudarte en el futuro.

- **Perfecciona tus habilidades de comunicación.** Identifica una o dos habilidades de comunicación que te gustaría mejorar (como escuchar sin interrumpir) y practícalas durante la siguiente conversación de *networking*.

¿Te preguntas cómo puedes utilizar una aplicación como Instagram para conseguir nuevos contactos?
Mira este vídeo:

10

Cómo hablar con tu jefe sobre tu desarrollo profesional

No dejes tu crecimiento profesional al azar

por Antoinette Oglethorpe

Algunas personas entran en el mercado laboral pensando que su jefe es el responsable del desarrollo de su carrera. Trabajan duro, obtienen resultados, se sientan y esperan a que les asciendan.

Por desgracia, esta estrategia rara vez funciona.

Lo cierto es que el desarrollo de tu carrera empieza por ti y se amplifica con el apoyo de tu jefe. Para progresar en cualquier puesto, debes iniciar proactivamente una conversación con tu jefe sobre planificación de carrera. Se trata de una reunión que puedes aprovechar para hablar de tu interés por las oportunidades de crecimiento, asegurarte de que tus objetivos individuales están alineados con la misión de la organización y desarrollar un plan a largo plazo que te permita alcanzar el éxito.

Si esto te parece mucho trabajo, tu suposición es correcta. Las conversaciones sobre la carrera profesional requieren mucha planificación y preparación, pero al final tendrás una idea más clara de cómo avanzar. Aquí tienes una guía paso a paso que te ayudará a ser proactivo sobre tu crecimiento y a establecer una conversación productiva sobre tu carrera con tu jefe.

Antes de la reunión

Empieza por reflexionar sobre lo que quieres

Antes de acercarte a tu jefe, tienes que tener claro dónde estás ahora y dónde quieres estar dentro de unos años. Esto te ayudará a verbalizar tus objetivos profesionales y a crear un plan de desarrollo a su servicio. Reserva algo de tiempo en tu apretada agenda para reflexionar sobre tu situación actual y tus objetivos futuros. Hazte las siguientes preguntas:

¿Dónde te encuentras ahora? Piensa en las tareas que realizas a diario y en los proyectos o prioridades que tienes entre manos. ¿Qué aspectos de este trabajo te resultan más energéticos que agotadores? ¿En qué áreas te sientes más seguro y en cuáles tienes dificultades?

Haz balance de si dominas las habilidades necesarias para tener éxito en tu nivel actual. Esta comprensibilidad te permitirá buscar más intencionadamente oportunidades en las que puedas aprovechar tus puntos fuertes y también identificar proyectos que puedas aprovechar para crecer y mejorar.

Busca también la opinión de tus compañeros. ¿Tu análisis de tus puntos fuertes y débiles coincide con el de ellos? ¿Qué es lo que, a sus ojos, te diferencia de los demás?

¿Qué es importante para ti a largo plazo? El objetivo de esta pregunta es ayudarte a identificar tus valores y cómo encajan en tu trabajo. Necesitas tener claro este punto para crear un plan de desarrollo que te ayude a crear una carrera satisfactoria.

Piensa en lo que quieres hacer después. Dentro de dos años, ¿en qué puesto te ves? Cuando imaginas el trabajo de tus sueños, ¿en qué estás dispuesto a ceder y qué es innegociable?

Recuerda las tareas que más energía te aportan. Por ejemplo, quizá te des cuenta de que las tareas administrativas te agotan y la interacción con los clientes te llena de energía. ¿Cómo encaja esto en tu imagen del futuro? ¿Cómo se ajusta en tu próximo puesto en tu organización actual? Quizás ascender a un puesto que requiera dedicar más tiempo a tratar directamente con los clientes sea algo innegociable, mientras que el trabajo administrativo es un aspecto que tendrás que negociar o con lo que deberás transigir. Esta información será valiosa durante la conversación sobre tu carrera con tu jefe.

Antes de seguir adelante, como última consideración, piensa en cómo se alinean tus ambiciones con la misión o los objetivos de tu equipo y de tu organización. Si puedes conectar tus objetivos futuros con los de la empresa, podrás presentar a tu jefe un argumento más convincente para tu crecimiento.

¿Qué significa el éxito para ti? El éxito significa cosas diferentes para cada persona: una trayectoria ascendente es solo una acepción. Tal vez, tras reflexionar, te hayas dado cuenta de que no quieres asumir más responsabilidades ni convertirte en gestor de personal. Tal vez, para ti, el éxito implica un mayor equilibrio entre la vida laboral y personal, y concentrarte en un trabajo creativo. Define tu versión del éxito para que tu jefe entienda tus ambiciones y pueda ayudarte a alcanzarlas.

Solicita una reunión con tu jefe

La conversación sobre la carrera profesional no debe incluirse en la reunión semanal con el jefe ni en la de la evaluación del rendimiento. Debe ser una reunión independiente centrada específicamente en hablar sobre el crecimiento profesional. La frecuencia de las conversaciones sobre la carrera profesional varía según el caso, pero lo ideal es que tu jefe esté dispuesto a celebrarla varias veces al año para permitir una retroalimentación continua, el establecimiento y la alineación de objetivos, y la discusión de nuevas o próximas oportunidades de desarrollo profesional. Suele ser mejor efectuarlas poco después de una revisión anual o semestral sobre el rendimiento, cuando ya has dedicado tiempo a reflexionar sobre tu trabajo anterior y puedes elaborar un plan de futuro.

Cuando solicites una reunión para hablar sobre tu carrera profesional, deja claro el propósito del encuentro. Querrás que tu jefe tenga tiempo para prepararse. Envíale un correo electrónico del tipo:

> Hola, [nombre]:
>
> Desearía que encontrara un hueco en tu agenda para reunirme contigo y hablar sobre el desarrollo de mi carrera profesional. Llevo poco más de un año en la empresa y creo que esta conversación podría ayudarme a entender cómo puedo crecer profesionalmente y contribuir más al éxito de nuestro equipo y de la organización en general.
>
> ¿Podrías reservarme una hora para hablar de esto la semana que viene?

Durante la reunión

Comienza con una nota positiva

Empieza la conversación expresando tu gratitud por la oportunidad. Podrías decir algo como: «Muchas gracias por reunirte conmigo hoy. Me gustaría aprovechar este momento para hablar de mis aspiraciones profesionales y, con un poco de suerte, elaborar un plan de desarrollo que me ayude a alinear mis objetivos con los de nuestro equipo y los de la empresa».

A continuación, expresa claramente las ideas que descubriste durante tu tiempo de autorreflexión. Explica dónde estás y cómo te sientes actualmente, incluidos los aspectos de tu puesto que más te satisfacen y aquellos en los que te gustaría crecer, cambiar o desarrollar de nuevas formas. Por ejemplo: «Me siento más realizado cuando trabajo directamente con los clientes y creo que mi estilo de comunicación acogedor y claro es un punto fuerte que me distingue dentro el equipo».

Luego, pasa a recapitular tus logros y destaca cómo han contribuido al éxito del equipo o empresa. Esto no solo demostrará tu valor, sino que también sentará las bases para la conversación sobre tu crecimiento. Podrías decir: «El año pasado dirigí con éxito el proyecto X, que se tradujo en un aumento del x % en el compromiso de los clientes, contribuyendo al objetivo de la organización de aumentar el compromiso de los clientes en un y %. Creo que esto demuestra mi potencial para asumir funciones más desafiantes de cara al cliente en nuestro equipo y entrenar a otros sobre cómo hacer lo mismo con éxito».

A continuación, comparte lo que es importante para ti en la próxima etapa de tu carrera y cómo crees que esos cambios contribuirán a tu crecimiento a largo plazo: «A medida que crezca en la empresa, me encantaría seguir asumiendo más proyectos de cara al cliente y, con el tiempo, dirigirlos. Veo esto como una forma de desarrollar aún más mis habilidades de comunicación y crecer como líder de personas, que es un papel en el que quiero crecer».

Por último, si hay áreas de desarrollo que deseas conocer, no las ignores. En su lugar, conéctelas con la visión de la organización. Podrías añadir: «Sé que todavía tengo que aprender más sobre gestión de proyectos, y asumir más iniciativas me permitirá hacerlo. La empresa quiere incrementar nuestro alcance de clientes este año, así que mi crecimiento ayudaría a contribuir a ese objetivo». Recuerda que tus objetivos profesionales deben crear una situación en la que tanto tú como la organización salgáis ganando.

Determinar los próximos pasos

Acabas de dar a tu jefe mucho en qué pensar, y puede necesite de algún tiempo para formular una respuesta. Después de exponer tu caso, continúa con algo como: «Tengo curiosidad por escuchar tus pensamientos y comentarios».

En algunos casos, tu jefe te agradecerá que hayas abierto el debate y te pedirá que volváis a reuniros al cabo de una semana, lo que le dará tiempo para procesar toda la conversación y elaborar un plan. En el mejor de los casos, tu jefe vendrá más preparado, con su propia idea de hacia dónde te ve crecer. En ese caso, podéis trabajar juntos para desarrollar los siguientes pasos.

Comienza por debatir las siguientes áreas:

- *Comprender las oportunidades que se te ofrecen.* Consulta a tu jefe qué oportunidades tienes a tu alcance en función de tus objetivos y aspiraciones. ¿Necesitas aprender nuevas habilidades antes de ascender? Si es así, ¿cuáles son y cómo puedes demostrarlas? ¿Cree que estás preparado para asumir un proyecto de mayor envergadura? Si no hay oportunidades en tu equipo, ¿hay otro dentro de la empresa en el que podrías trabajar para crecer?

- *Navegar por los procesos y la política de la organización.* En la mayoría de los casos, tu jefe no es el único que toma las decisiones, sobre todo cuando se trata de ascensos. Tienes que entender cómo funciona la organización, tanto los procesos como las tácticas, quiénes son las personas que más influyen, y cómo elevar tu perfil y ser más visible para los sujetos clave. Pregunta a tu jefe: «¿Hay otras personas en la organización cuyo trabajo debería observar más de cerca? Me encantaría hablar con ellas y saber cómo han llegado a tener éxito aquí. ¿Cómo me sugieres que haga más visible mi trabajo y a mí mismo?».

- *Identificar y evaluar diferentes opciones y oportunidades.* Es poco probable que tú y tu jefe elaboréis un plan muy detallado en esta primera reunión. Una vez que tu jefe te presente las opciones, agradécele sus ideas. A continuación, hazle saber que vas a reflexionar sobre todo lo que habéis hablado. Pregúntale si puedes dedicar algo de tiempo a esbozar un plan más tangible para revisarlo juntos en una próxima reunión. Esto te dará el tiempo que necesitas para reflexionar sobre los pros y los contras de la discusión, y proponer unos cuantos pasos sólidos.

Después de la reunión

Elaborar un plan de desarrollo

Toma todo lo que has aprendido y elabora un plan de futuro que describe los próximos pasos, incluidas las nuevas habilidades que necesitas adquirir, los proyectos que has acordado emprender y las partes interesadas importantes con las que quieres empezar a establecer relaciones.

Recuerda que los mejores planes son ambiciosos y realistas a la vez, ya que superan sus límites sin dejar de ser alcanzables. Utiliza objetivos SMART (*Specific, Measurable, Achievable, Relevant, Time-bound* [específico, medible, alcanzable, realista y de duración limitada]) para poder controlar tus progresos a lo largo del tiempo. Aunque siempre habrá factores que escapen a tu control, resulta muy útil estructurar un plan utilizando hitos concretos (aunque estén sujetos a cambios). Por ejemplo, establecer un objetivo como «terminar el programa de formación de liderazgo en seis meses» o «incrementar el compromiso de los clientes en un 10 % en el segundo trimestre» son más factibles que algo impredecible como «ascender a líder de personas en otoño de 2024».

Seguimiento

Una vez que hayas definido tus objetivos e hitos, fija un tiempo para revisar el plan con tu jefe. Intenta hacerlo a más tardar una semana después de la primera reunión, para que la conversación siga siendo prioritaria. Puede ser útil enviar el plan a tu jefe antes de la reunión para que tenga tiempo de revisarlo con detenimiento.

Aprovecha la reunión de seguimiento para recabar su opinión, realizar los cambios necesarios y asegurarte de que ambos estáis de acuerdo. A continuación, pregúntale si puedes comprobar cómo progresan las cosas, ya sea en reuniones de seguimiento adicionales o durante las visitas periódicas a lo largo del año.

• • •

Las conversaciones sobre tu carrera laboral son vitales para tu crecimiento profesional. Al iniciarlas, das a conocer tus ambiciones, obtienes valiosos comentarios y allanas el camino hacia una carrera satisfactoria. Prepárate bien, comunícate con claridad y estate siempre abierto a recibir opiniones. De este modo, te capacitarás para avanzar, te asegurarás los conocimientos que necesitas para crecer y darás a tu jefe la oportunidad de comprenderte y apoyarte plenamente en tu trayectoria.

Breve resumen

Para progresar en cualquier puesto, tienes que iniciar proactivamente una conversación con tu jefe sobre planificación laboral. He aquí cómo:

- Reflexiona sobre dónde estás ahora y dónde quieres estar dentro de unos años. En tu actual puesto, ¿qué te da más energía y qué te agota? ¿En qué cargo te imaginas?

- Solicita una reunión con tu jefe para compartir tus objetivos y logros.

- Después de la reunión, elabora un plan que describa los próximos pasos, incluidas las nuevas habilidades que necesites adquirir, los proyectos que hayas acordado emprender y las partes interesadas importantes con las que quieras empezar a entablar relaciones.

¿Cómo decidir el siguiente paso?

11

Cómo tomar las mejores decisiones sobre tu carrera profesional

No, no tiene que ver con una bola mágica

por Timothy Yen

Elegir la carrera perfecta, considerar la posibilidad de cursar un posgrado, decidir dejar el trabajo y cambiar a otro nuevo... Decisiones como estas pueden resultar desalentadoras. Todos pasamos mucho tiempo en el trabajo y todos queremos (y merecemos) amar lo que hacemos. Pero el camino para encontrar ese trabajo no siempre está claro.

Por suerte, hay medidas que pueden ayudarte a decidir qué es lo que más te conviene. Utiliza este sistema de cinco pasos para reducir tus opciones y centrarte en lo importante.*

---

* Este sistema ha sido adaptado de Timothy Yen, «Better: The Optimal Decision-Making Framework» (Elige mejor. Aprende a tomar decisiones que impacten positivamente tu vida). (*N. del E.*)

1. ¿Qué te dicen tus sentimientos?

Si quieres encontrar una carrera profesional que te satisfaga, esta tiene que estar en consonancia con tus valores. Tus sentimientos pueden ayudarte a discernirla, aunque no hayas nombrado conscientemente cuáles son esos valores.

Piénsalo así: cuando te enfrentas a una decisión importante, ¿qué es lo primero que pasa por tu mente y qué siente tu cuerpo? Normalmente, antes de que entre en acción la lógica, experimentarás una fuerte emoción. Presta atención a eso. Tus emociones están conectadas con lo que eres en el fondo y pueden proporcionarte información importante sobre tu identidad y los valores que impulsan tus acciones, pero que a veces escapan a tu percepción consciente.

Piensa en el tipo de trabajo que haces ahora o en el que te gustaría hacer. ¿Qué sentimientos afloran? Si sientes rabia, tristeza o incluso miedo y ansiedad al pensar en tus opciones, considera esos sentimientos como banderas rojas. Si, por el contrario, sientes felicidad o entusiasmo, es un indicador de que lo que estás considerando puede ser una buena decisión.

Si crees que ninguna de las opciones te provoca emociones positivas, vuelve al principio y considera distintas posibilidades hasta que encuentres algo que esté en consonancia con tus emociones.

2. ¿Qué te importa realmente?

Una vez que hayas conectado con tus emociones, estarás listo para el siguiente paso: identificar conscientemente tus valores. Tus valores pueden definirse como lo que realmente te importa o tu porqué. Es decir, pueden ayudarte a definir por qué una determinada decisión te parece más significativa que otra. Entender tu por qué te permitirá tomar decisiones que se alineen directamente con las cosas que realmente te importan, decisiones que te mantendrán satisfecho a largo plazo.

Por ejemplo, supongamos que estás intentando decidir entre dos trabajos que te han ofrecido. Uno es en una empresa y está muy bien pagado, y el otro es en una organización sin ánimo de lucro con un sueldo razonable, pero más bajo. Si te tomas tu tiempo para identificar tus valores y descubres que ayudar a los demás es uno de ellos, pero que el dinero no es una de tus prioridades, te resultará más fácil decidirte por la organización sin ánimo de lucro.

Hay varias formas de averiguar cuáles son tus valores. Una de las mejores es mediante evaluaciones psicológicas formales. Mi método favorito es el test de personalidad del eneagrama, porque los resultados describen tus rasgos de personalidad y motivaciones en el contexto de circunstancias ideales *y* situaciones estresantes, lo que te puede dar una visión más holística de quién eres,[1] pero también hay otros recursos disponibles: Test DISC, Encuesta LIFO, Test de Personalidad *Big Five*, Test de Personalidad de 16 Factores o Inventario de Motivos, Valores y Preferencias de Hogan (MVPI).[2] Todas estas pruebas están respaldadas por la ciencia y por una amplia investigación.

Si no quieres someterte a una evaluación formal, también hay otras opciones. El Test de la Pasión, de Janet y Chris Atwood, te hace una serie de preguntas y te pide que clasifiques tus intereses del más importante al menos relevante.[3] Algunos ejemplos de estas preguntas son: «¿Sobre qué tema podrías leer quinientos libros o ver innumerables vídeos sin aburrirte?» o «¿A qué dedicarías tu tiempo si tuvieras una completa solvencia económica para hacer cualquier cosa?». Puede parecer sencillo, pero recordar tus intereses de forma directa y honesta puede ayudarte a nombrar valores que antes te parecían esquivos.

3. ¿Qué les importa a las personas de tu vida?

Ninguno de nosotros existe en el vacío. Igual que es importante tener claro lo que te importa a ti, también resulta fundamental considerar cómo afectará a tus seres queridos cualquier decisión que tomes, porque probablemente lo hará.

Ya sea tu pareja, un familiar o un amigo, pregunta a las personas que se verán afectadas por tus decisiones qué piensan, qué opinan y qué sienten. Esto es especialmente importante si estás tomando una decisión sobre tu carrera profesional. A menudo, este tipo de elecciones influyen mucho en tu situación económica y vital, así como en el tiempo que puedes dedicar a determinadas relaciones.

Por ejemplo, supongamos que te ofrecen un trabajo que te entusiasma y que se ajusta a tus valores, pero que te obliga a desplazarte dos horas al día. Puede que personalmente te parezca bien, pero debes reconocer que perderás tiempo para estar con tu pareja, familia o amigos. Por lo tanto, tu decisión no solo te afecta a ti, sino también a tus seres queridos.

Esto no significa necesariamente que no debas aceptar el trabajo; sin embargo, puede significar que deberías dedicar tiempo a negociar la oferta para que se ajuste más a tus valores y a los de las personas que te rodean. En este caso, puedes pedir al director de Recursos Humanos un acuerdo de trabajo flexible en el que solo vayas a la oficina tres días a la semana para limitar tus desplazamientos.

4. ¿Cuál es la realidad de la situación?

El objetivo de esta pregunta es asegurarte de que estás tomando las decisiones por las razones correctas. Quieres estar seguro de que la decisión que vas a tomar se basa en datos correctos, y no en una interpretación errónea de tu situación, pues de lo contrario podrías acabar teniendo falsas expectativas o sintiéndote decepcionado por la decisión que tomas.

Para responder a esta pregunta, tienes que ser objetivo y considerar las realidades que rodean tus opciones, no tus suposiciones. Por ejemplo, supongamos que estás pensando en dejar tu trabajo porque crees que tus compañeros no son amables. Antes de tomar la gran decisión de dejar la empresa, pregúntate: «¿Tengo información que respalde mi lógica o estoy haciendo una suposición?». Puede que tus compañeros parezcan antipáticos, pero en realidad solo sean tímidos; tal vez estén demasiado centrados en el trabajo para socializar, o puede que tengas razón y sean realmente antipáticos. No lo sabrás con seguridad a menos que des un paso atrás y analices la situación objetivamente.

Escribe una descripción de las experiencias que has tenido que respalden tu lógica, pero no incluyas ninguna interpretación. Limítate a describir lo sucedido. Dedicar tiempo a hacer una pausa y describir crea una oportunidad para poder evaluar las cosas con más claridad. Puedes aplicar esta táctica a cualquier tipo de situación.

Si sigues teniendo dudas sobre si has llegado a la conclusión correcta después de realizar este ejercicio, vuelve a comprobar tus conclusiones con alguien de confianza, como un amigo o un consejero.

5. ¿Cómo encajar las piezas?

Cuando hayas contestado estas cuatro preguntas, habrás sentado las bases para tomar una decisión óptima. Pero aún queda un último paso: unir todas las piezas.

¿Y cómo se hace eso?

Empieza por repasar toda la información que acabas de descubrir. Por ejemplo, si estás intentando decidirte por una carrera profesional, ten en cuenta las emociones que has sentido al ver las posibles opciones de trabajo. Pregúntate: «¿Cómo me siento y por qué me siento así?».

A continuación, revisa tus valores. ¿Las opciones laborales que te entusiasman coinciden con esos valores? ¿Y los valores de tus seres queridos? Esto te ayudará a reducir tu lista.

Por último, hazte una prueba de realidad. ¿Hay factores que impulsen tu decisión que se basen en suposiciones, y no en información?

Llevará tiempo, pero prestar toda tu atención a cada uno de estos puntos debería ayudarte a tomar una decisión racional y adecuada sobre qué trayectoria profesional es la mejor para ti, sea cual sea tu situación actual. Y no solo eso, sino que también sabrás, a un nivel más profundo, que la decisión que estás tomando está en total consonancia con tus valores, tus emociones, contigo mismo y con las personas a las que quieres. Y, cuando se trata de una decisión importante como encontrar tu carrera perfecta, así es exactamente como debe ser.

Breve resumen

Tomar decisiones es difícil, sobre todo cuando se trata de tu carrera profesional. Estas preguntas pueden ayudarte a centrarte en lo importante:

- **¿Qué te dicen tus sentimientos?** Si sientes rabia, tristeza o incluso miedo y ansiedad al pensar en tus opciones, considera esos sentimientos como banderas rojas.

- **¿Qué te importa?** Comprender tus valores te permitirá tomar decisiones que se alineen directamente con las cosas que te importan.

- **¿Qué les importa a las personas de tu vida?** Es importante tener en cuenta cómo afectará tu decisión a tus seres queridos. Pregúntales qué piensan, qué opinan y qué sienten.

- **¿Cuál es la realidad de la situación?** Sé objetivo y considera las realidades que rodean tus opciones, no tus suposiciones.

- **¿Cómo encajar las piezas?** Repasa toda la información que hayas reunido y continúa haciéndote estas preguntas hasta que tomes una decisión.

¿Estás sopesando las ventajas y desventajas
de una gran decisión profesional?
Escucha este pódcast:

La forma correcta de llevar a cabo una gran transición profesional

Pregúntate el porqué, el qué y el cuándo

por Utkarsh Amitabh

Cuando el fundador de Amazon, Jeff Bezos, estaba sopesando abandonar su bien pagado trabajo en un fondo de cobertura, fue a ver a su jefe y le dijo que estaba pensando en vender libros por internet. Anteriormente ya le habían hablado del poder de internet, pero por primera vez se estaba planteando seriamente dejar su actual trabajo para convertirse en empresario. Su jefe se sobresaltó al oír que alguien quería renunciar a un codiciado puesto de inversor para trabajar en algo con tantas incógnitas. Después de todo, ¿no son los buenos inversores expertos en evaluar riesgos?

Su jefe decidió llevarle a dar un paseo de dos horas por Central Park, en Nueva York. Quería entender qué pasaba por la cabeza de Bezos. Durante el paseo, Bezos consiguió convencerle de que la venta de libros en línea tenía un gran potencial y que el comercio electrónico podía ser realmente grande. Su jefe estuvo de acuerdo en que era una buena idea, pero consideraba que sería mejor para alguien que no tuviera ya un buen trabajo. Bezos disponía de 48 horas para tomar una decisión definitiva.

Con el fin de determinar los siguientes pasos en su carrera, Bezos ideó el sistema de minimización de arrepentimientos, un sencillo modelo mental para minimizar el número de arrepentimientos a largo plazo.[1] Se preguntó qué lamentaría más cuando tuviera ochenta años: ¿tratar de construir algo en lo que tenía una fuerte convicción y fracasar, o no intentarlo? Y se dio cuenta de que no intentarlo le perseguiría toda la vida.

Cuando pensó en su transición profesional, teniendo en mente el sistema de minimización de arrepentimientos, renunciar resultó ser una decisión increíblemente fácil. Dejó el fondo de cobertura a mediados de año y renunció a su enorme bonificación anual.

Tanto si persigues una pasión o un trabajo secundario, como si estás pensando en dejar tu trabajo por uno nuevo o simplemente buscas un cambio, debes saber que no es una decisión sencilla, y que requiere una cuidadosa planificación y reflexión. Puedo afirmarlo con cierta convicción porque yo mismo he tenido que tomar esta difícil decisión. En plena pandemia, dejé mi trabajo en Microsoft para dedicarme a tiempo completo al proyecto que me apasionaba. Me encantaba mi trabajo, pero, cuanto más reflexionaba sobre mis valores fundamentales, el tipo de vida que quería construir y la forma en que quería utilizar mis habilidades, más claro tenía que el emprendimiento era el camino a seguir.

Llevaba cuatro años cultivando el proyecto que me apasionaba como actividad paralela: Network Capital, una comunidad mundial de redes entre iguales formada por más de 100.000 *millennials* ambiciosos y curiosos. Durante ese tiempo se me pasaron muchas preguntas por la cabeza: «¿por qué iba a dejarlo para convertirlo en mi trabajo a tiempo completo?», «¿es esto lo que realmente quiero?», «¿cuándo debo renunciar?»... Las palabras de la poetisa Mary Oliver no dejaban de resonar en mi cabeza: «¿Qué piensas hacer con tu única, salvaje y preciosa vida?».

Y, lo más importante, me preguntaba si me arrepentiría de no haberlo intentado. Pero tomar esa decisión resultó ser más complejo de lo que había pensado.

Las transiciones no consisten solo en hacer algo diferente. Una transición profesional es un rediseño del estilo de vida que a menudo implica replantearse cómo quieres sentirte al final del día, cómo quieres emplear tu tiempo y cómo esto se relaciona con tus objetivos a largo plazo. Cuando sientes esta necesidad de cambio, no está necesariamente relacionada con un título más elegante o más dinero, sino con tu voz interior, que te susurra que podrías hacer más, ser más, experimentar más y conseguir más.

Si estás pensando en dejar tu trabajo para hacer una transición profesional significativa, primero piensa en el porqué, el qué y el cuándo.

¿Por qué (quieres cambiar)?

Empieza preguntándote por qué quieres renunciar a tu trabajo actual

¿Por la cultura de la organización?, ¿por la gente con la que trabajas?, ¿o hay algo más que te estanca? Como yo, puede que también descubras que te encanta tu trabajo, pero quieres construir algo nuevo o experimentar con un sector diferente. Es fundamental ser radicalmente sincero con uno mismo y reflexionar.

Yo decidí llevar a cabo un experimento para resolver mi transición profesional. Durante los últimos cuatro años, había trabajado en la creación de Network Capital por las noches y los fines de semana. Decidí tomarme dos semanas libres para centrarme exclusivamente en esta tarea. Fue entonces cuando me di cuenta de que podía progresar mucho más en mi negocio paralelo con un esfuerzo concentrado. Me di cuenta de que me gustaba dedicar la mayor parte de mis horas de vigilia a mi negocio paralelo, aunque me encantaba mi trabajo diario.

Consejo profesional: antes de dejar tu trabajo, intenta experimentar cómo será tu próximo puesto. ¿Te parece mejor que lo que haces ahora? ¿Merece la pena comprometerse con el cambio? Si puedes, tómate un tiempo libre del trabajo, aunque solo sea una semana, para centrarte en el proyecto que te apasiona. Si no tienes un proyecto que te apasione y estás buscando algo nuevo, utiliza tu tiempo libre (fines de semana o fuera del horario laboral) para experimentar con los sectores o funciones que te interesan. Esto puede significar ser voluntario, seguir de cerca a alguien o incluso realizar entrevistas informativas con personas que tienen carreras que admiras.

Tener presente el fin

Resulta difícil planificar a largo plazo, pero ayuda tener una imagen mental del tipo de vida que quieres construir.

El trabajo y la vida no son entidades separadas; el trabajo forma parte de la vida. Intenta visualizar dónde quieres vivir, el tipo de persona con la que quieres asociarte (o incluso si quieres una pareja) y cómo quieres que sea tu día a día.

Yo sabía que quería autonomía con respecto a un estricto horario laboral y flexibilidad geográfica, por mi deseo de ayudar a los jóvenes a orientar sus carreras por todo el mundo. Y deseaba tener un trabajo que diera a mi futuro yo un sentido más profundo de propósito.

Aunque podría haber tenido un impacto indirecto en el ámbito de la orientación profesional en Microsoft, sabía que quería una conexión más directa con las personas a las que intentaba servir. Y comprometerme a tiempo completo con Network Capital me daría esa oportunidad.

Consejo profesional: escribe tu futura autobiografía. Antes de dejar Microsoft, me senté a escribir una especie de autobiografía. Reflexioné sobre cuáles serían los acontecimientos que más me marcarían. Me propuse describir con todo detalle por qué quería que me recordaran y cómo empleaba mi tiempo. Al final, la forma en que pasas el tiempo es en lo que te conviertes. Llevar a cabo este experimento mental me dio más claridad sobre lo que más me importaba y por qué. No hace falta que tu autobiografía tenga cien páginas, pero sí que te dé una idea de cómo quieres que sea tu viaje.

¿Qué (quieres hacer)?

Autoevalúate

Aunque algunos ya saben que quieren trabajar en otro sector o volver a estudiar para aprender algo nuevo, muchos no conocen cuál debe ser su siguiente paso. Pero es imposible saber adónde vas si no sabes dónde estás. Y la forma más sencilla de realizar esta autoevaluación es hacerse estas preguntas:

- ¿Cuál es mi objetivo final?

- Si sigo haciendo lo que hago hoy, ¿me acercaré a mi objetivo final?

- ¿Mi yo de ochenta años se arrepentirá más o menos de mis decisiones actuales?

Después, escribe los pasos que tendrás que dar para que tu futuro yo se sienta orgulloso de ti y los problemas que podrías encontrar para conseguirlo. Una parte importante de saber dónde estás consiste en comprender los retos que te mantienen ahí. Después, mira la lista de cosas que tienes que hacer para acercarte a tu meta. Encuentra, conoce o elimina los retos sobre los que no tienes control.

Para mí, una cuestión que no podía controlar —al menos a corto plazo— era la previsibilidad de los ingresos. ¿Ganaría lo mismo en Network Capital que en Microsoft? ¿Tendría que cambiar mi estilo de vida? En general, la remuneración empresarial es significativamente más alta (al menos en los primeros meses) que los ingresos que uno puede esperar en las empresas en fase inicial. Quejarme de ello o preocuparme obsesivamente habría sido una pérdida de tiempo. Si renunciar me acercaba a mi objetivo y decidía perseguirlo, ¿cómo solucionaría este problema?

Se me ocurrió un plan inspirado en el concepto de 1.000 verdaderos fans del cofundador de *Wired* Kevin Kelley. Kelley aconseja:

> 1.000 True Fans es un camino alternativo al estrellato para alcanzar el éxito. En lugar de intentar alcanzar las estrechas e improbables cimas de los éxitos de ventas de platino, las superproducciones y el estatus de celebridad, puedes aspirar a conectar directamente con mil fans verdaderos. Por el camino, independientemente del número de fans que consigas, no estarás rodeado de caprichos, sino de auténtico y verdadero aprecio. Es un destino mucho más sensato que esperar. Y es mucho más probable que llegues a él.[2]

Me fijé el objetivo de conseguir que Network Capital tuviera 1.000 suscriptores de pago mensuales en un período de 12 meses. Creé una estrategia para ganar dinero, estructuré mis objetivos y conseguí incrementar el número de suscriptores fieles y comprometidos.

Consejo: acércate a tu autoevaluación con conciencia, curiosidad y voluntad de experimentar. La autora y emprendedora Marie Forleo dice: «Todo se puede averiguar».[3] En lo que respecta a las transiciones profesionales, no existe una fórmula mágica. Experimentar, retocar y resolver las cosas es el camino a seguir.

¿Cuándo (se producirá el cambio)?

Espera múltiples rechazos

Por desgracia, la mayoría de las transiciones profesionales y los procesos de contratación dependen en gran medida de la experiencia previa. Por ejemplo, supongamos que eres un director de ventas de tecnología que quiere introducirse en el comercio o los fondos de cobertura. La mayoría de los responsables de selección de personal te empujarán hacia un puesto muy similar a tu trabajo actual, aunque tengas las habilidades necesarias para hacer la transición a un sector diferente.

Incluso en Microsoft, cuando buscaba pasar de la estrategia corporativa al desarrollo empresarial, resultó ser mucho más difícil de lo que había pensado. Tras acercarme a compañeros de docenas de equipos, me di cuenta de que muy pocos querían apostar por alguien con una experiencia diferente. Finalmente, un responsable de contratación me dio un proyecto en el que trabajar. Tuve un buen rendimiento en ese proyecto y conseguí la oportunidad de entrevistarme para su equipo. Tras ocho meses de intentarlo sin descanso, por fin conseguí que se produjera el traslado interno.

Consejo: por suerte, no necesitas que todo el mundo apueste por ti. Con uno solo basta. Encontrar a esa persona/director de contratación/reclutador llevará su tiempo. Espera múltiples rechazos antes de conseguirlo. Si tu determinación y preparación son lo suficientemente fuertes, conseguirás que alguien se arriesgue.

Sé realista

Algunas transiciones son improbables a corto plazo. No te aboques al fracaso fijándote objetivos poco realistas en plazos poco realistas. Sobreestimamos lo que podemos hacer en un año y subestimamos lo que podemos hacer en diez. Puedes cambiar de sector, de función y de ubicación geográfica, pero es poco probable que los tres cambien inmediatamente. El cambio gradual suele ser mucho más sostenible.

Por favor, no pienses que mi sugerencia de ser realista está reñida con soñar a lo grande. Ambos puntos pueden coexistir con el tiempo adecuado. Sueña en grande y actúa en pequeño intentando dar micropasos en la dirección correcta.

Mi primer micropaso fue crear un producto mínimo viable para Network Capital en forma de grupo de Facebook y observar dos cosas: el comportamiento de los clientes y mi propio nivel de interés en resolver el complicado reto de la exploración profesional para los *millennials*. Sin este micropaso, Network Capital habría seguido siendo una idea en mi cabeza.

Consejo: las microacciones se acumulan con el tiempo y producen resultados exponenciales. Da el primer paso y sé constante. La urgencia en las acciones y la paciencia con los resultados te serán muy útiles.

Tener un plan B

Crea una alternativa con la que puedas vivir cuando las cosas no vayan como habías previsto o planeado. Puede ser un punto intermedio entre tu última aspiración y tu situación actual. Esto puede salvar la brecha de habilidades y redes a la que te enfrentas durante las transiciones profesionales. Y, lo que es más importante, te preparará para el viaje que deseas emprender.

Hoy, mi plan de respaldo no es volver a la empresa; sin embargo, he pensado en varios escenarios para Network Capital. Quizá se convierta en una gran empresa tecnológica hiperescalable, quizás evolucione hacia una oferta más especializada. Me siento cómodo con ambos resultados, ya que ahora me doy cuenta de que estoy más enamorado del problema de la orientación profesional que de la solución. Con suerte, ayudaré a resolverlo. Si no, puedo ayudar a otros a hacerlo.

Consejo: establece un marco temporal. Supongamos que quieres pasar de la abogacía a la consultoría de impacto social y te resulta difícil, quizá por falta de experiencia. En este caso, tu plan de apoyo podría tener un límite temporal. Podrías darte un año para pasar de la abogacía a la consultoría de impacto social adquiriendo las competencias adecuadas, creando un grupo de mentores y estableciendo contactos con profesionales del sector. Si aun así no funciona, puedes replantearte tu objetivo o buscar la forma de conseguirlo a más largo plazo si sigue interesándote.

• • •

Las transiciones profesionales son complejas y suelen ser mucho más de lo que vemos a simple vista. Para mí, la transición de un estilo de vida corporativo a otro como emprendedor ha sido tan difícil como gratificante.

Aún recuerdo mi último día en Microsoft, el día que volví a la oficina para entregar mi tarjeta de identificación, mi portátil y mi tarjeta de gastos de empresa. Estaba renunciando a una gran parte de mi identidad. Mientras caminaba por la planta vacía diciendo adiós a todos los maravillosos recuerdos y experiencias de aprendizaje, sabía que el tiempo que había pasado aquí me había preparado bien para el viaje que tenía por delante.

Si hoy no estás pensando en una transición profesional, algún día lo harás. Y, cuando llegue ese día, espero que lo afrontes con curiosidad, convicción y compromiso. Las transiciones profesionales son complicadas, pero también pueden convertirse en catalizadores para dar forma a un futuro del que te sientas orgulloso. No hay forma de garantizar el éxito, pero no intentarlo puede hacer que te arrepientas.

Breve resumen

Llevar a cabo una transición profesional es complicado. La decisión de hacerlo requiere una planificación cuidadosa y pensar bien el porqué, el qué y el cuándo:

- **¿Por qué quieres cambiar?** ¿Por la cultura de la organización?, ¿por las personas con las que trabajas? o ¿hay algo más que te estanca?

- **¿Qué quieres hacer?** Realiza una autoevaluación. Escribe los pasos que tendrás que dar para acercarte a tus objetivos y los problemas que puedes encontrarte al hacerlo.

- **¿Cuándo se producirá el cambio?** Sé realista sobre el tiempo que puede llevar una transición profesional. No te expongas al fracaso fijándote objetivos poco realistas.

¿Estás pensando en dejar tu trabajo?

Primero hazte estas preguntas

por Priscilla Claman

Lo más probable es que, en algún momento de tu carrera, sientas deseos de dejar tu trabajo actual. Tal vez se deba a una experiencia negativa —un jefe tóxico, un salario injusto, agotamiento—, pero puede que simplemente estés buscando un nuevo reto o te sientas preparado para avanzar en tu carrera.

Independientemente del motivo por el que quieras dejar la empresa, no renuncies sin más. Es importante que pienses bien cómo darás el paso antes de hacerlo. ¿Adónde irás después? ¿Debes informar a tu jefe de tus planes? ¿Hasta qué punto puedes ser sincero en tu búsqueda?

Si realmente te sientes preparado para renunciar, hazte las siguientes preguntas para determinar cuál es el mejor enfoque:

¿Qué busco en mi próximo puesto?

Esta es la primera o segunda pregunta que te hará cualquier reclutador durante la búsqueda de empleo. Si pides ayuda a tus amigos, es probable que ellos también te hagan la misma pregunta. Puede que no estés seguro al 100 % de tu respuesta y puede que tu objetivo no sea conseguir un puesto de trabajo concreto, pero tómate como mínimo media hora para dar algunas respuestas concretas.

Divide una hoja de papel en tres y escribe lo siguiente en la parte superior de cada columna:

- Cosas que quiero aprender a hacer.

- Cosas que me gusta hacer.

- Cosas que no quiero volver a hacer.

No te agobies eligiendo; simplemente escribe lo que se te ocurra, como «ayudar a los clientes a resolver problemas», «preparar informes» o «tutelar a nuevos empleados».

Es probable que no tengas una idea completa de lo que quieres, pero sí lo suficiente para iniciar el proceso de búsqueda. No te preocupes si tu lista cambia a medida que buscas; actualízala de vez en cuando.

Consejo: anota algunas habilidades necesarias para un trabajo de nivel superior en la columna «Cosas que quiero aprender a hacer». Esto te ayudará a buscar un trabajo de un nivel superior al actual, avanzar en tu carrera y obtener un salario más alto.

¿Puedo encontrar el trabajo que quiero en mi actual organización?

Para las personas que simplemente no soportan la empresa para la que trabajan, puede tener sentido saltarse esta pregunta, pero si crees que tu jefe podría ayudarte, intenta reunirte con él y pedirle nuevas responsabilidades o posibles oportunidades de ascenso. Si puedes conseguir lo que quieres donde estás ahora, obtendrás resultados mucho más rápida y fácilmente que realizando toda una búsqueda.

Pregúntale a tu jefe: «¿Podemos reunirnos para hablar de la orientación de mi carrera?». No improvises esta reunión. Tómate tu tiempo para pensar lo que quieres decir. Por ejemplo, si quieres más responsabilidad donde estás, podrías decir: «Durante la pandemia, tuve la oportunidad de ayudar con la contratación y la incorporación de nuestros nuevos empleados. Creo que podría contribuir más al departamento si recibiera formación en gestión y tuviera la oportunidad de ser tu ayudante».

O, si estás interesado en hacer un cambio fuera de tu departamento, puedes solicitar formación u oportunidades de observación en el área que te interesa, o incluso que te presenten a un directivo que trabaje en esa área de la organización. Durante la conversación, menciona la posible transición laboral. Si te interesa la contabilidad, por ejemplo, podrías decir: «Como sabes, llevo un tiempo haciendo cursos de contabilidad. Si dentro de un año me propusiera pasar a un puesto más relacionado con la contabilidad, ¿con quién crees que debería hablar? ¿Me ayudarías en ello?».

Si deseas hacer una transición profesional más importante, por ejemplo, de *marketing* a finanzas o de operaciones a contabilidad, siempre es más fácil hacerlo en tu actual empresa, donde la gente conoce tu trabajo, tiene acceso directo a los responsables de contratación de otros departamentos y puede argumentar más fácilmente tu transición.

En la reunión con tu jefe, no digas que te vas a marchar ni amenaces con hacerlo; simplemente pide hablar de tu carrera. Si tu jefe no responde a tus intereses, es señal de que debes buscar en otra parte.

¿Debo decirle a mi jefe que estoy buscando un nuevo empleo?

En nueve de cada diez casos, la respuesta a esta pregunta es un no rotundo, ya que correrías un gran riesgo. Tu jefe podría pensar: «Esta persona no me es leal y tampoco al equipo» o «Esta persona no estará aquí mucho tiempo, así que daré las mejores asignaciones a los empleados en los que puedo confiar para que estén aquí para completar el trabajo».

Si tu jefe no espera que te quedes mucho tiempo, es probable que te trate como a un empleado temporal y que te asigne tareas menos atractivas o te excluya de reuniones importantes, lo que puede dificultar aún más un trabajo ya de por sí insatisfactorio.

Por supuesto, busca el apoyo de tus amigos más íntimos, pero ten cuidado con lo que publicas en las redes sociales; podría volverse en tu contra. Evita contárselo a tus compañeros de trabajo, pues seguro que se corre la voz y llega a oídos de tu jefe.

¿Cómo puedo obtener referencias de mi actual empresa si mi búsqueda es confidencial?

Normalmente necesitarás tres referencias, incluida la de tu actual jefe, pero puedes pedir a la organización que te contrata que no se ponga en contacto con tu actual jefe hasta que no te hayan hecho una oferta. Es algo muy habitual, pero es probable que tengas que darles tres referencias por adelantado.

Pregunta a alguien que conozca tu trabajo, como un colega más veterano o un jefe de equipo, quizá de un trabajo anterior, una asociación profesional o incluso un cliente. Si es tu primer empleo, utiliza referencias de tus prácticas más relevantes o de un profesor, o simplemente emplea las mismas que usaste para conseguir tu trabajo actual. Prepara a las personas que has elegido entregándoles tu currículum, háblales del nuevo puesto y de los aspectos que quieres que destaquen de ti y de tu trabajo, y avísales de que el responsable de contratación se pondrá en contacto con ellos por correo electrónico o teléfono. Y no olvides darles las gracias y decirles si finalmente consigues el trabajo o no.

¿Qué pasa si consigo un nuevo empleo y mi actual jefe me ofrece una contraoferta estupenda?

Piénsatelo bien antes de aceptar quedarte, ya que suele ser una mala idea. Ahora tu jefe sabe que has estado buscando un nuevo trabajo, lo cual significa que, de cara al futuro, puede desconfiar de tu compromiso con la organización. Puede temer que al final cambies de opinión y vuelvas a marcharte, poniéndote en la situación de que tu jefe te trate como a un trabajador temporal.

Recuerda que es fácil que tu jefe contrate a otra persona para hacer tu trabajo por menos dinero y te despida una vez que la nueva persona esté totalmente formada. La única ocasión en la que puede tener sentido aceptar una contraoferta es si te ofrecen inmediatamente un nuevo puesto de mayor nivel, junto con un aumento de sueldo o alguna otra ventaja que realmente desees (como un nuevo emplazamiento). Puede ser una buena decisión si el cambio es inmediato, pero, si tienes que esperar seis meses para conseguirlo, el mundo cambia tan deprisa que puede ser una promesa que tu jefe no sea capaz de cumplir. Así que, según mi experiencia, lo mejor es decir simplemente que no.

¿Cómo puedo renunciar correctamente?

Renunciar en persona es la forma más profesional de hacerlo, así que concierta una reunión con tu jefe para hablar de tus planes y asegúrate de avisarle con al menos dos semanas de antelación. Después de reunirte con él, envíale un correo electrónico formal desde tu actual puesto, un agradecimiento y la fecha de tu dimisión. No hace falta que digas adónde vas ni qué vas a hacer, pero puedes hacerlo si quieres. He aquí un ejemplo:

> Dentro de dos semanas dimitiré de mi puesto de programador informático en la oficina de Cambridge, Massachusetts. Mi último día de trabajo será el 15 de octubre. Muchas gracias por toda la orientación y el ánimo que tanto tú como el equipo me habéis dado en Amazing Corporation. Deberíamos concertar una cita para repasar lo que quieres que haga en el tiempo que me queda en Amazing.

Hay ocasiones en las que no vas a poder dimitir en persona, como cuando trabajas a distancia o tu jefe está fuera o en otro lugar. En ese caso, bastará con una llamada o una reunión virtual. En cualquier caso, tendrás que hablar con tu jefe sobre lo que debes priorizar en tus dos últimas semanas y sobre cómo informar a tus compañeros y clientes de que te vas. Es lo más profesional que puedes hacer y conservará tus referencias la próxima vez que cambies de trabajo.

Breve resumen

¿Estás preparado para dejar tu trabajo? Ten en cuenta estas cosas:

- Antes de marcharte, haz una lluvia de ideas con una lista de cosas que quieres aprender a hacer, cosas que encanta hacer y cosas que no quieres volver a hacer nunca. Si puedes encontrar un trabajo que te guste en tu empresa actual, plantéate quedarte.

- Evita decirle a tu jefe que estás pensando en irte. Si tu jefe no espera que te quedes mucho tiempo, podría pasar de ti para ofrecerte nuevas oportunidades.

- Si recibes una oferta y tu jefe la contraoferta, acéptala solo si te ofrecen inmediatamente un nuevo puesto de mayor nivel junto con un aumento salarial.

- Cuando hayas decidido dimitir oficialmente, organiza una reunión con tu jefe para hablar de tus planes y avisa con al menos dos semanas de antelación.

¿Quieres dejar tu trabajo sin remordimientos?
Mira este vídeo:

¿Deberías cursar estudios de posgrado?

Los pros y los contras

por Tomas Chamorro-Premuzic

¿Estás pensando en volver a estudiar, pero te preguntas si realmente merecerá la pena tu tiempo, energía y dinero?

El mercado laboral sigue siendo muy competitivo, y, aunque los empleadores están empezando a destacar la importancia de las competencias interpersonales críticas —como la inteligencia emocional, la resiliencia y la capacidad de aprendizaje— como factores determinantes del rendimiento, algunos de los puestos de trabajo más demandados y los sectores de mayor crecimiento siguen exigiendo titulados superiores.[1]

Al mismo tiempo, el número de personas que se matriculan en la universidad sigue aumentando, lo que, de hecho, devalúa el título universitario. En Estados Unidos, un 33 % de los adultos son titulados universitarios, una cifra que era de solo el 4,6 % en la década de 1940.[2]

A la luz de estas cifras, es fácil comprender por qué cada vez más trabajadores se plantean cursar estudios de posgrado. En Estados

Unidos, el número de estudiantes de posgrado se ha triplicado desde la década de 1970 y, según algunas estimaciones, el 27 % de los empleadores exigen ahora un máster para puestos en los que históricamente bastaba un título universitario.[3]

¿Cuáles son, entonces, los motivos que deberías tener en cuenta si estás intentando decidir si matricularte o no? ¿Cómo puedes determinar si el tiempo —y, sobre todo, el dinero— que requiere cursar estudios de posgrado te compensará o no? He aquí algunos factores a tener en cuenta:

Razones por las que *sí* deberías cursar un posgrado

- *Para incrementar tu potencial salarial.* No es ningún secreto que los titulados superiores suelen cobrar más que los que no lo son. Mientras que el aumento medio de los ingresos es del 25 %, cursar los mejores programas de MBA puede suponer un incremento salarial de entre el 60 y 150 % (mientras que un máster en servicios humanos o en ciencias museísticas solo aumentará tus ingresos entre un 10 y 15 %).[4]

- *Para poner en marcha un cambio profesional.* La IA y la automatización están sustituyendo muchas funciones por otras, y una proporción cada vez mayor de trabajadores se ven empujados a reciclarse y actualizar sus conocimientos para seguir siendo relevantes. No hay duda de que la mayoría de nosotros tendremos que reinventarnos en algún momento si queremos hacer lo mismo. Si actualmente te encuentras en esta situación, un curso de posgrado puede ser una buena opción. El mayor reto, sin embargo, será elegir en qué especializarte. Si te preparas para ser un buen candidato para los puestos de trabajo más demandados, corres el riesgo de llegar demasiado tarde cuando te gradúes. Por ejemplo, si todo el mundo estudia Ciencias de la Información para cubrir vacantes, dentro de unos años habrá un exceso de candidatos. Una estrategia mejor es investigar e intentar predecir cuáles serán las funciones más demandadas en el futuro. Además, muchos programas de posgrado están empezando a enseñar habilidades «blandas», que te prepararán para un mercado laboral incierto más que para puestos específicos.

- *Para seguir tu pasión.* No es infrecuente que las personas se queden atrapadas en el trabajo equivocado como resultado de una mala orientación profesional o una falta de autoconciencia a una edad temprana, al no conocer sus intereses y su potencial cuando empezaron su carrera. Esto conduce a bajos niveles de compromiso, rendimiento y productividad, y a altos niveles de agotamiento, estrés y alienación. Perseguir tu pasión, por tanto, no es un mal criterio para decidir cursar un posgrado. Al fin y al cabo, las personas rinden más y aprenden más cuando sus estudios están en consonancia con sus valores.[5] Si puedes alimentar tu curiosidad y tus intereses mediante un aprendizaje riguroso, es más probable que tus conocimientos te diferencien de otros candidatos y aumenten tus posibilidades de acabar en un trabajo que te guste.

Razones por las que *no* deberías cursar un posgrado

- *Puedes aprender gratis (o por mucho menos dinero).* Existe una plétora de contenidos —libros, vídeos, pódcasts y mucho más— que ahora están ampliamente disponibles, sin coste alguno, para el público en general. Podría decirse que gran parte de este contenido gratuito refleja (o, en realidad, es) el material que los alumnos estudian en los programas de posgrado. Por lo tanto, si quieres un máster simplemente para adquirir más conocimientos, es importante reconocer que es posible recrear experiencias de aprendizaje sin pagar miles de dólares por una clase. Considera todas las cosas que puedes aprender simplemente mirando YouTube, suponiendo que tengas la disciplina y el autocontrol para concentrarte: codificación, dibujo digital, diseño UX, edición de vídeos y más. Otras plataformas, como Udemy y Coursera, se pueden utilizar para mejorar las competencias a un coste más asequible que asistir a un programa de posgrado. Básicamente, si tu objetivo es adquirir una nueva habilidad, y esa habilidad se puede enseñar, es difícil competir con las plataformas en las que los expertos pueden abastecerte de contenidos, enseñarlos y compartirlos.

- *Puede que estés perdiendo el tiempo.* Históricamente, la gente ha aprendido sobre todo haciendo, y hay una gran diferencia entre comunicar la experiencia teórica de algo y pasar realmente por esa experiencia. Esta es una verdad que no se puede cambiar con una formación de posgrado (o de pregrado). De hecho, la mayoría de las empresas de la lista *Fortune* 500 acaban invirtiendo sustancialmente en reciclar y perfeccionar a los nuevos empleados, independientemente de sus credenciales.[6] Por ejemplo, empresas como Google, Amazon y Microsoft señalaron que la capacidad de aprendizaje —tener una mente ávida y aprender con rapidez y pasión— es más importante que haber adquirido ciertos conocimientos en la universidad.[7] En la misma línea, muchos empresarios se quejan de que incluso los titulados con mejores resultados necesitarán aprender las habilidades laborales más relevantes, como el liderazgo y la autogestión, después de empezar a trabajar. Curiosamente, esto no impide que los empresarios paguen un sobreprecio por las cualificaciones universitarias, incluidos los títulos de posgrado.

- *Probablemente te endeudarás.* Para algunos programas de posgrado, el retorno de la inversión está claro, pero hay mucha variabilidad. Puede ser difícil encontrar un curso que incremente tus ingresos a corto plazo, sobre todo si también quieres estudiar algo que te gusta. Por ejemplo, es más probable que un MBA aumente tu potencial de ingresos que un máster en cambio climático. Pero si tu verdadera pasión es el cambio climático, puede que acabes destacando y teniendo una carrera más lucrativa a largo plazo, mientras que a corto pasas apuros económicos. Todo esto quiere decir que, si no estás lo suficientemente comprometido con el tema que estás estudiando como para endeudarte durante unos años, probablemente el riesgo no merezca la pena.

Lo desalentador es que este dilema no sería un problema en absoluto si:

- Los empresarios empezaran a prestar más atención a aspectos distintos del título universitario o las credenciales oficiales del candidato.

- Las universidades dedicaran más tiempo a enseñar competencias interpersonales (y mejoraran en ello).

- Las universidades se centraran en alimentar el sentido de la curiosidad, que sería un indicador a largo plazo del potencial profesional de las personas, incluso para trabajos que nunca han desempeñado antes.

El problema es que los empresarios tienden a dar prioridad a las cualificaciones de un título de posgrado (el título en sí) más que a la experiencia y la educación que uno recibe mientras lo cursa.[8] Pero, suponiendo que continúe la reciente tendencia a adquirir cada vez más educación formal, con el tiempo podemos asumir que las credenciales de posgrado no serán suficientes para que los candidatos obtengan una verdadera ventaja competitiva. Al igual que el valor de un máster es equivalente al valor de una licenciatura hace treinta años, si dentro de treinta años una gran proporción de la mano de obra obtiene un máster, o un doctorado, puede que los empresarios se vean obligados por fin a fijarse en el talento y el potencial más allá de en las cualificaciones formales.

Parece, pues, que la decisión de realizar o no un curso de posgrado es tan compleja como incierta, ya que no hay argumentos claros a favor o en contra. Sin duda, no es fácil predecir cuál será el ROI de la escuela de posgrado, aunque los factores aquí esbozados pueden ayudarte a evaluar tus propias circunstancias individuales. Como cualquier decisión importante en la vida, esta requiere una buena dosis de valentía y asunción de riesgos. En palabras de Daniel Kahneman, el psicólogo ganador del premio Nobel que fue pionero en el estudio moderno de la toma de decisiones en condiciones de incertidumbre: «El valor es la voluntad de asumir el riesgo una vez que se conocen las probabilidades. El exceso de confianza optimista significa que asumes el riesgo porque no conoces las probabilidades. Es una gran diferencia».[9]

Breve resumen

Si estás pensando en hacer un máster o un posgrado, es importante que primero tengas en cuenta las razones por las que sí deberías o no deberías cursarlo:

- **Por qué deberías ir**: los licenciados suelen cobrar más que los que no lo son, y obtener un título también puede ayudarte a llevar a cabo más fácilmente una transición profesional o seguir tu pasión.

- **Por qué no deberías ir**: es probable que te endeudes por cursar un máster o un posgrado, y parte de la información que podrías aprender en ellos también se puede aprender en línea a un menor coste.

¿Y si no quiero una trayectoria profesional tradicional?

Cuatro consejos profesionales que deberías ignorar
Estos consejos no siempre funcionan

por Tomas Chamorro-Premuzic

Cuando estás en las primeras etapas de tu carrera profesional, no faltan consejos que te ayudan a desenvolverte en aspectos como la contratación, causar buena impresión y cumplir tus aspiraciones laborales más salvajes. Pero de lo que se habla menos es de los consejos que en realidad no deberías seguir, que resultan ser muchos.

Algunos de los consejos profesionales más comunes —sé tú mismo, céntrate en tus puntos fuertes, sigue tu pasión— no dan resultado en el mundo real. Incluso cuando el consejo parece intuitivamente correcto, muchos de los datos e investigaciones reales sugieren que probablemente es mejor hacer exactamente lo contrario.

He aquí algunos consejos que probablemente deberías ignorar y lo que deberías hacer en su lugar:

«Sé tú mismo»

Este puede ser uno de los consejos profesionales más manidos y perjudiciales que jamás se hayan dado. En el entorno laboral, especialmente en las entrevistas de trabajo, la gente no quiere ver tu personalidad sin filtros ni inhibiciones. Están más interesados en ver tu mejor versión, es decir, tu mejor comportamiento, diciéndoles lo que quieren oír, aunque no sea exactamente lo que quieres decir. Respetar la etiqueta social, mostrar moderación y autocontrol, y jugar a la autopresentación maximizará tus posibilidades de conseguir un trabajo.

Qué hacer en su lugar

En cualquier situación de alto riesgo, incluidas las entrevistas de trabajo, te verás recompensado si gestionas y controlas tu imagen pública. La teoría del sociólogo Erving Goffman sobre la autopresentación pone de relieve este concepto: a menudo actuamos como queremos que nos vean los demás, aunque no sea 100 % auténtico.[1] Debes mirar a tu alrededor y averiguar qué esperan los demás de ti,[2] y luego modificar tu comportamiento para no decepcionarlos. Sé sensible al contexto. Por ejemplo, si estás hablando con un reclutador de una empresa tecnológica disruptiva, no deberías llevar la misma ropa que te pondrías para una entrevista en un gran banco o una empresa conservadora.

Esto no significa que debas quebrantar tus propios principios o ser un impostor, sino que solo tienes que ser lo suficientemente inteligente emocionalmente como para respetar la etiqueta social de la empresa que quiere contratarte. Puede que las cosas cambien cinco años después, cuando ya estés establecido en la empresa y tengas una sólida reputación, pero debes respetar las normas del juego antes de poder romperlas. Puede que tus reglas sean mejores, pero una entrevista de trabajo no es el momento de convencer a los demás de ello.

«Deja que tus logros hablen por sí mismos»

El mundo iría mejor si la gente tuviera éxito por su competencia, y no por su confianza. En un mundo perfecto, no tendríamos que dedicar tiempo a la autopromoción, el autobombo, la política y la gestión, pero, por desgracia, no es así. Todo estilo y nada de sustancia te llevará más lejos que nada de estilo y mucha sustancia. En el mundo laboral, las investigaciones han demostrado una y otra vez que las conexiones, las impresiones y el espectáculo tienden a triunfar sobre el talento y el potencial.[3]

Qué hacer en su lugar

Tu marca es un factor de éxito profesional más importante que tu trabajo. Esto significa que incluso las personas con más talento se benefician mucho de la gestión, cultivando relaciones sólidas con sus jefes y asegurándose de que las personas poderosas ven su valor. Para ti, mi consejo es que aprendas a ser (humildemente) tu animador más ruidoso. Lo ideal es que tu jefe piense que eres tan modesto como talentoso. Ser demasiado explícito o asertivo puede ser contraproducente.

Observa a las personas en posiciones de poder y esfuérzate por entender qué problemas intentan resolver. Luego, muéstrales y diles cómo puedes ayudarles. Esta es una fórmula mejor para el éxito que ignorar a los demás y centrarte solo en tu propio trabajo. Incluso los mejores artistas del mundo, como Van Gogh y Mozart, murieron pobres porque no se centraron lo suficiente en el juego de la política empresarial.

«Céntrate en tus puntos fuertes»

A la gente le suele encantar este consejo profesional, porque es mucho más fácil de seguir que la alternativa: «Reconoce y mitiga tus debilidades». El problema es que los puntos fuertes nacen de tendencias que nos salen de manera natural, partes espontáneas de nosotros mismos que elevan nuestro estatus y reputación ante los demás. Y, aunque todo el mundo las tiene, es prácticamente imposible tener éxito en cualquier ámbito de la vida a menos que aprendas también a mantener bajo control tus debilidades.

Por ejemplo, puedes ser la persona más inteligente del mundo, pero, si careces de empatía y humildad, tu inteligencia te hará parecer arrogante y frío. Puedes ser un escritor con mucho talento, pero, si no tienes autocontrol, nunca producirás mucho trabajo ni lo entregarás a tiempo. Además, si abusas de tus puntos fuertes, acabarán convirtiéndose en debilidades: demasiada confianza se convierte en engaño; un exceso de amabilidad, en evitación de conflictos; y una ambición extrema, en avaricia.

Qué hacer en su lugar

Aristóteles señaló que toda virtud es un término medio entre dos extremos. Es mejor ser algo emocional que frío o explosivo; es mejor ser algo curioso que cerrado de mente o temerario, y es mejor ser un poco creativo que poco imaginativo o excéntrico. Si tu objetivo es adaptarte al mundo real y causar una buena impresión en los demás —lo que resulta muy útil al principio de tu carrera—, sigue este consejo: celebra tus puntos fuertes, pero haz también el trabajo de identificar tus puntos débiles.

Todos los grandes triunfadores son muy autocríticos. En gran medida, su propia ambición es el resultado de intentar constantemente superar sus limitaciones y de su incapacidad para darse por satisfechos solo con sus logros. Del mismo modo, cuando sepas cuáles son tus puntos débiles, experimentarás un saludable grado de incomodidad, la cual puede impulsarte a mejorar, a cerrar la brecha entre la persona que eres y la que quieres ser. Llegarás más lejos y más rápido.

«Sigue tu pasión»

Aunque ayuda tener una idea clara de lo que quieres hacer en la vida, seguir tu pasión solamente suele ser una fórmula ganadora si tu pasión se alinea con la demanda del mercado laboral y con tu talento real. También es cierto que las pasiones son más efímeras de lo que solemos pensar: puede que este año te apasione la fotografía, pero puede que el año que viene te entusiasme la ciencia, la escritura o la animación. En la mayoría de los casos, si solo buscas oportunidades en sectores que te apasionan, en lugar de ampliar tu perspectiva y considerar aquellos que te harán crecer, acabas sacrificando trabajos que podrían hacer avanzar tu carrera profesional más adelante.

Además, también renuncias a una importante oportunidad de autodescubrirte, es decir, de aprender más sobre lo que quieres y lo que no quieres, y de tropezarte con cosas nuevas que tal vez se te den bien o con las que disfrutes. Recuerda que seguir tu pasión puede ser una estrategia protectora, que te permite mantenerte en tu zona de confort y aprovechar tus puntos fuertes, al tiempo que dificulta tu desarrollo.

Qué hacer en su lugar

Normalmente, cuanto más joven eres, más concesiones tienes que hacer. A los veinte años, debes pensar detenidamente en adaptar tus intereses y potencial a las oportunidades disponibles y aprovechar las que te ayuden a aprender y crecer. En la treintena, quizá quieras dejar de centrarte en obtener recompensas a corto plazo y pasar a tener un impacto a largo plazo. En ambas etapas, conviene ser flexible. Considera tus intereses más fuertes como algo que te gusta tener, pero ponlos en espera hasta que llegue la oportunidad de darles rienda suelta de forma productiva. Al final, es menos útil seguir tu pasión que encontrar personas que se dediquen con entusiasmo a ayudarte a crecer. La buena noticia es que las compensaciones disminuyen con la edad.

En resumen, lo mejor que puedes hacer ahora mismo es tomar las mejores decisiones posibles. Esto significa ser abierto y tratar de evaluar cuidadosamente los pros y los contras que pueda presentar cada camino que se te abra. Lo que tú valoras es clave y nunca debes quebrantar tu propia brújula moral. Después, tus posibilidades de éxito probablemente aumentarán si maximizas el ajuste entre tu potencial, tus intereses y tus oportunidades.

Breve resumen

Algunos de los consejos profesionales más comunes no funcionan en el mundo real. Aquí tienes cuatro que deberías ignorar y qué hacer en su lugar:

- No lo hagas: sé tú mismo. Hazlo: sé la mejor versión de ti mismo.

- No lo hagas: deja que tus logros hablen por sí solos. Hazlo: crea una marca personal.

- No lo hagas: céntrate solo en sus puntos fuertes. Hazlo: mitiga también tus debilidades.

- No lo hagas: sigue tu pasión. Hazlo: explora áreas ajenas a tus principales intereses.

16

No tienes que convertirte en el jefe para crecer en tu carrera profesional

Puedes convertirte en líder, aunque no seas director general

por Anne Sugar

La mayoría de nosotros crecimos pensando que, para tener éxito de verdad, teníamos que ser el jefe, pero esto es un mito. No hace falta ser el jefe para tener una carrera lucrativa y satisfactoria.

El panorama profesional ha cambiado radicalmente en las últimas décadas. Con los avances tecnológicos, existen innumerables oportunidades para las personas que quieren centrar su crecimiento en el desarrollo de habilidades específicas y conocimientos técnicos, y muchos de estos caminos no implican la gestión de un equipo.

Aquí tienes algunos métodos para hacer crecer tu carrera si ser el jefe no es lo tuyo.

Sé consciente de tus limitaciones

En primer lugar, debes saber que, si decides no dedicarte a la gestión, tienes que ser realista sobre el camino vas a seguir, ya que habrá ciertas oportunidades que no estarán a tu alcance; pero, cuando una puerta se cierra, otra se abre. Resulta muy útil comprender y sopesar tus opciones en función de los siguientes parámetros:

- Es probable que no te asciendan a puestos de alto poder en la alta dirección o como jefe de un departamento. Las personas que acceden a estos puestos suelen hacerlo tras años de experiencia en la gestión de personas y a menudo son responsables de dirigir sus propios equipos.

- Probablemente tendrás la oportunidad de crecer como colaborador individual, desarrollar experiencia en tu campo y convertirte en el mejor en lo que haces. Al no estar formalmente a cargo de otros, tendrás más tiempo para centrarte en tus contribuciones personales a una organización o industria y dominar un conjunto de habilidades concretas.

- Ten en cuenta que algunos sectores están mejor diseñados para desarrollar colaboradores individuales, mientras que otros tienen pocas oportunidades de crecimiento para las personas que no están interesadas en la gestión. Por ejemplo: en las telecomunicaciones, la consultoría, la edición y la tecnología, los líderes pueden ascender e incluso ocupar puestos directivos sin dirigir directamente un equipo. En cambio, sectores como la publicidad o la gestión de productos promueven más fácilmente a quienes se interesan por el liderazgo de las personas.

Define qué significa el éxito para ti

¿Qué significa el éxito para ti? No hay una respuesta correcta o incorrecta cuando se trata de lo que te hace feliz. De hecho, el éxito profesional puede adoptar muchas formas diferentes: tener un buen equilibrio entre la vida laboral y la personal, ejercitar tu creatividad o ganar mucho dinero, por nombrar solo algunas. Tu versión del éxito depende de tus objetivos.

Si aún no estás seguro de cuáles son tus objetivos, reserva un tiempo para reflexionar: describe los momentos concretos en los que te has sentido feliz en el trabajo o cuando estudiabas, piensa en los momentos en los que te sentiste completo, en los que el tiempo pasó volando porque estabas concentrado o contento, lleno de energía o inspirado. Y luego haz lo contrario: plasma por escrito los momentos en los que tu trabajo te haya aburrido o agotado.

Ahora, fíjate bien en todo lo que has escrito. ¿Notas algún patrón?

Después de contemplarlo, seguramente empezarás a ver una tendencia. Por ejemplo, quizá te des cuenta de que centrarte en el trabajo creativo, como la ideación de contenidos, impulsa tu motivación. O tal vez descubras que prefieres un trabajo técnico y concentrado que requiere un entorno de trabajo en solitario. Independientemente de lo que descubras, empieza a pensar en cómo puedes hacerlo más a menudo en tu carrera.

Sé proactivo

Después de haber definido lo que te hace sentirte feliz y exitoso como colaborador único, busca oportunidades en las que puedas asumir ese tipo de función. Para ello tendrás que ser proactivo. Puede que tengas que crear una oportunidad para ti mismo que tu jefe pueda ayudarte a perfeccionar. Un buen primer paso es elaborar una propuesta que describa la oportunidad que te gustaría iniciar y llevar adelante con el tiempo.

Para empezar, plantéate las siguientes preguntas:

- ¿Qué valor aporto a la empresa?

- ¿Cómo puedo ayudar a la empresa a alcanzar sus objetivos?

- ¿Puedo citar alguna métrica para demostrar el valor de mi impacto?

- ¿Cómo sería mi papel si continuara como colaborador único?

- «A medida que la empresa crece, ¿cómo me veo creciendo dentro de ella?».

Utiliza las respuestas a estas preguntas para redactar tu propuesta. Piensa en ella como un plan para tu crecimiento futuro que puedes presentar a tu jefe durante una revisión del rendimiento o una conversación personal. Es fundamental que encuentres el momento adecuado para hablar con tu jefe. Por ejemplo, no programes una reunión para comer a finales de trimestre, cuando tu jefe tiene muchas otras cosas que hacer.

Una líder con la que hablé decidió que, tras un camino lleno de baches como directiva, quería ser experta en la materia en su departamento. En ese nuevo puesto esperaba centrarse en orientar y desarrollar la estrategia. Pero para cambiar de puesto, primero tenía que demostrar a su jefe que el trabajo que esperaba hacer como colaboradora individual sería valioso para su equipo.

Redactó una breve propuesta en la que exponía sus aptitudes actuales y de qué sería responsable en ese nuevo puesto. Para que su jefe la entendiera, le explicó cómo esas responsabilidades ayudarían a alcanzar los objetivos más amplios de la empresa, incluyendo tres tareas específicas y alcanzables de las que podría ser responsable.

A lo largo de muchas conversaciones, ella y su jefe perfeccionaron su propuesta inicial para el puesto. Llegaron a unos cuantos objetivos que serían mutuamente beneficiosos tanto para su departamento como para el desarrollo de su carrera como colaboradora individual. Si esta líder no hubiera tomado la iniciativa y presentado una imagen clara del trabajo que quería hacer y del porqué, nunca habría conseguido el puesto que realmente deseaba.

Sigue aprendiendo

Hay muchas personas de éxito (e incluso líderes) que han optado por no ser directivos, y la mayoría están a tu alcance. Busca en tu red de LinkedIn a profesionales que estén haciendo lo que a ti te gustaría hacer. Aprende de ellos: lee sus publicaciones, sigue su trayectoria y acércate personalmente. Puede que estén dispuestos a charlar contigo sobre cómo llegaron a sus puestos actuales.

Cuando les envíes un mensaje, sé personal y directo. Intenta mencionar algo que admires de su trabajo o trayectoria profesional y haz una pregunta concreta para iniciar la conversación. (Sé breve, no quieras darle más trabajo). Si responden, con el tiempo podrás construir una provechosa relación.

Por ejemplo, tu mensaje puede tener este aspecto:

Hola, [nombre]:

Me ha gustado mucho tu reciente post sobre [tema]. Me llamo [nombre] y actualmente trabajo en [empresa], pero me interesa mucho [sector o función], que sé que es tu especialidad. Me encantaría saber más sobre tu trayectoria profesional y cómo has llegado hasta donde estás. ¿[Incluye aquí una pregunta específica sobre su trayectoria]?

Compruébalo periódicamente

Una vez al año, dedica un momento a reflexionar sobre tu función actual y el rumbo que crees que va a tomar tu carrera. Hazte las siguientes preguntas:

- ¿Cómo he avanzado hacia mis objetivos este año?

- ¿Qué opina mi jefe sobre mi trayectoria?

- ¿Qué ha ido bien?

- ¿En qué puedo trabajar?

- ¿Qué carencias tengo en mis competencias?

- ¿Mi carrera coincide con mis valores?

Con las respuestas a estas cuestiones puedes determinar mejor cómo avanzar, independientemente del camino que elijas. Tu definición del éxito puede modificarse con el tiempo, y siempre puedes cambiar de dirección y decidir que quieres tomar un camino diferente. Dedica tiempo a aprender, a buscar patrones y a conocer tus puntos fuertes. Existen muchas vías para conseguir que tu carrera crezca. Con planificación y acción deliberada, puedes emprender un camino que te haga sentir seguro, lleno de energía y entusiasmado.

Breve resumen

¿Cómo crecer en tu carrera si no quieres convertirte en directivo?:

- Sé realista sobre tu futuro. Es probable que no asciendas a puestos de alto nivel, pero tendrás la oportunidad de desarrollar una gran experiencia en tu campo.

- Define qué es para ti el éxito; por ejemplo, tener un buen equilibrio entre la vida laboral y la personal, ejercitar tu creatividad o ganar mucho dinero.

- Busca oportunidades que te ayuden a alcanzar esa visión y elabora una propuesta para tu jefe sobre cómo piensas aprovechar esas oportunidades.

- Una vez al año, analiza cuál es tu papel actual y hacia dónde ves tu carrera profesional.

¿Cómo es asumir un puesto directivo por primera vez?
Escucha este pódcast:

17

¿Debes ser realmente indispensable en el trabajo?
Respuesta corta: no

por Liz Wiseman

Es posible que hayas oído o te hayan dado el consejo de que debes intentar ser imprescindible en el trabajo. Sí, suena inteligente. Más allá de la ventaja obvia de tener una fuente de ingresos segura, saber que te necesitan puede proporcionarte una sensación de seguridad y aliviar tu carga mental (sobre todo si se están produciendo despidos).

Pero, por desgracia —y a pesar de la cacofonía de artículos que juran por este enfoque—, a menudo es poco realista y miope.

Durante los últimos años he investigado cómo piensan y se comportan los mejores colaboradores en el lugar de trabajo.[1] A través de entrevistas y encuestas a empleados de todo el mundo, he descubierto que, para la mayoría de las personas, el deseo de que nuestro trabajo importe y tenga impacto es universal. También he descubierto que, cuando ese deseo se traduce en un afán por hacernos indispensables, ponemos en peligro el crecimiento de nuestra carrera a largo plazo.

Cuando ser indispensable es contraproducente

Pensemos en la experiencia de Paige (nombre ficticio), directora de Recursos Humanos de una empresa tecnológica emergente de gran crecimiento. Paige estaba involucrada en todo. Ayudó a crear el Departamento de Recursos Humanos y se aseguró de que su equipo pudiera seguir el ritmo de las rápidas contrataciones. Cuando sus colegas de finanzas y nóminas estaban sobrecargados, ella asumía el trabajo extra. Era emprendedora y aprendió a hacer las cosas por sí misma. Incluso cuando incorporaba a especialistas muy capaces, mantenía las tareas más críticas en su lista de tareas pendientes. Redactaba las ofertas de trabajo y gestionaba las verificaciones de empleo, y los interesados dependían de ella. Sus empleados contaban con ella para aprobar sus vacaciones y cubrir su trabajo. Y, además, era la favorita del jefe (el director financiero).

En un determinado momento, la empresa empezó a crecer considerablemente, por lo que también aumentaron las responsabilidades del departamento de Paige, pero ella no podía soltar las riendas. Su personal se cansó de realizar solo tareas irrelevantes y muchos de ellos se marcharon en busca de mejores oportunidades. Paige era vital, incluso indispensable, pero también un cuello de botella. Los empleados no podían cerrar una compra si ella se retrasaba en la tramitación del papeleo. El CEO no podía enviar una carta de oferta a un empleado importante porque Paige estaba de vacaciones. El estrés y el agotamiento se convirtieron en su forma de vida, hasta que sufrió un colapso de salud mental y física. Meses después, se reincorporó en un trabajo de menor responsabilidad que seguía reduciendo su alcance e impacto.

La experiencia de Paige nos recuerda que la búsqueda de lo absolutamente necesario suele ser limitante, tanto para el individuo como para la organización. Pero ¿por qué?

- Volverte insustituible puede atarte a tu trabajo y comprometer tu bienestar. Además, reduce el potencial de crecimiento. Si nadie más puede hacer tu trabajo, no podrás aprovechar las nuevas oportunidades que surjan: eres demasiado importante donde estás. Si no hay nadie lo suficientemente fuerte en el banquillo para sustituirte, es difícil pasar a un ámbito mayor.

- Hay implicaciones importantes para tu éxito como líder. Cuando te posicionas como una persona de referencia, es fácil que te conviertas en un sabelotodo y limites tu eficacia. Puedes considerarte tan vital que te conviertas en alguien que menoscaba, alguien que es inteligente y capaz, pero que apaga la inteligencia y las capacidades de las personas a las que diriges. Cuando el personal está crónicamente infrautilizado, se instala la apatía y la gente rebaja sus ambiciones, haciendo solo lo mínimo. Tú, como líder indispensable, te volverás costoso para tu organización y, en última instancia, sabotearás tu propia carrera.

Entonces, ¿cómo crear valor y asegurar tu posición sin sobrepasarse? Aunque ser indispensable suele ser un problema, ser fácilmente sustituible tampoco es lo ideal. Entonces, ¿cuál es el equilibrio adecuado?

Cómo ser valioso en el trabajo

Los colaboradores más valiosos prestan atención a lo importante y realizan el trabajo que hay que hacer en el momento. No son solo expertos y sabelotodos, sino personas que aprenden, se adaptan y renuevan a medida que cambian las necesidades de la organización. Eliminan los cuellos de botella y reducen los puntos de fricción que ralentizan el progreso. Y, lo que es más importante, su valor no procede solo del trabajo que hacen por sí mismos. Son parte integrante de un equipo —una parte de un todo más amplio—, y su presencia ayuda a maximizar y multiplicar el talento de todo el grupo.

En otras palabras, tu valor en el trabajo aumentará si te reproduces a ti mismo en lugar de proteger tus escasas habilidades. Al desarrollar a los que te rodean, aumentas el impacto y el progreso del trabajo que hay que hacer, proteges tu salud mental, encuentras un equilibrio estable entre el trabajo y la vida privada y, lo que es más importante, te conviertes en un activo inestimable para tu equipo y para la empresa en general.

Para convertirte en este empleado, empieza por practicar estas tres cosas:

1. *Averigua qué hay que hacer y hazlo sin que nadie te lo pida.* Aunque a menudo pensamos que los jefes son unos dictadores ávidos de poder, lo cierto es que a la mayoría de los directivos no les gusta tener que decir a la gente lo que tiene que hacer. En nuestra encuesta a 170 directivos sobre qué comportamientos de los empleados aprecian más, la respuesta número uno fue: «Cuando la gente hace cosas sin que nadie se lo pida».[2] Los directivos delegan en las personas que tienen determinación e iniciativa, y estas, a su vez, adquieren una valiosa experiencia de liderazgo e influencia, y pueden ascender a puestos más importantes.

Pero ¿cómo saber qué hay que hacer? Presta atención a los problemas del entorno: problemas persistentes de baja intensidad en los que la organización puede mejorar notablemente con un poco de liderazgo y concentración. ¿De qué se queja todo el mundo pero nadie hace nada? O fíjate en las cosas que frustran a tu jefe o a tus clientes y sorpréndelos con una solución.

2. *Llena un vacío de liderazgo.* Busca situaciones que carezcan de un liderazgo claro y da un paso al frente para llenar ese vacío. He aquí un ejemplo de dos situaciones demasiado comunes que podrían necesitar un poco de dirección:

- *Reuniones poco preparadas.* Se calcula que el 63 % de las reuniones no tienen un orden del día planificado.[3] Aporta la claridad que tanto necesitan sugiriendo al grupo que acuerde los resultados previstos para la reunión. Antes de una reunión, envía un orden del día para ayudar a los asistentes a prepararse. Al principio, establece el tono diciendo algo como: «¿Qué es lo más importante que debemos lograr durante esta reunión?». Esto dará a los asistentes una idea de lo que hay que conseguir en ese plazo de tiempo y te distinguirá como la persona que realmente consigue que se hagan las cosas.

- *Héroes anónimos.* La mayoría de los empleados expresan la necesidad de ser reconocidos por su jefe, sus compañeros y sus clientes; sin embargo, según una encuesta de Glassdoor, solo dos tercios de los empleados afirman que sus jefes les muestran suficiente aprecio.[4] Puedes llenar este vacío de liderazgo alzando la voz para reconocer las contribuciones de tus compañeros o colaboradores, especialmente de los que trabajan entre bastidores. Elevar las contribuciones de los demás les da el crédito que merecen, pero también te ayuda a ti. Las investigaciones demuestran que amplificar las voces de los demás aumenta tu propio estatus y genera la confianza que necesitas para liderar sin autoridad.[5] Prueba a decir: «Solo quería dedicar un momento a agradecer a Hala su experiencia en las redes sociales la semana pasada. Nos ha ayudado a ganar 10.000 nuevos seguidores».

3. *Contribuye allí donde tengas puntos fuertes únicos.* Los colaboradores más valiosos no persiguen cualquier necesidad u objetivo brillante, sino que buscan una coincidencia entre una necesidad crítica y sus capacidades más profundas, un concepto que yo llamo *genio nativo*. Cuando las personas utilizan sus puntos fuertes al servicio de algo más grande que ellas mismas, suele surgir una chispa extra de brillantez de la que todos se benefician. Sé consciente de qué es lo que mejor sabes hacer y ofrece libremente esa capacidad a tus colegas. Incluso podrías crear una guía del usuario para ayudar a tus líderes y colegas a saber cómo sacar lo mejor de ti, creando un mayor valor añadido para la organización y para ti.

• • •

Ciertamente, todas las personas tienen valor y aportan capacidad a su trabajo; sin embargo, algunas se hacen más valiosas que otras. Rara vez es porque no se puede funcionar sin ellas, sino porque nunca se las querría perder. No solo juegan a lo grande, sino que también ayudan a los demás a jugar a lo grande. Así que, en lugar de hacerte insustituible, haz tu contribución más valiosa.

Breve resumen

La búsqueda de ser absolutamente necesario en el trabajo puede ser limitante, tanto para ti como para tu organización. En lugar de hacerte insustituible, intenta ser más valioso:

- **Averigua qué hay que hacer y hazlo sin que te lo pidan.** ¿De qué se queja todo el mundo pero nadie hace nada? Intenta solucionarlo.

- **Llena un vacío de liderazgo.** Busca situaciones en las que falte un liderazgo claro y da un paso al frente para llenar ese vacío. Por ejemplo, establece órdenes del día para reuniones que actualmente no tienen dirección.

- **Contribuye allí donde tengas puntos fuertes únicos.** Los colaboradores más valiosos no persiguen cualquier objetivo brillante, sino que buscan una coincidencia entre una necesidad crítica y sus capacidades.

18

El caso de las malas decisiones profesionales

Aprender lo que no quieres puede acercarte a lo que sí quieres

por Ruchika Tulshyan

Si me preguntan por mi mayor error profesional, suelo responder con el tópico: «No hay arrepentimientos, solo lecciones».

Pero eso no es del todo cierto. Siempre habrá una decisión profesional que tomé —una que alteró el curso de mi vida de forma significativa— a la que vuelvo a menudo. En parte «fue una decisión terrible» y en parte «vaya, no puedo creer que sobreviviera a eso».

Me mudé a Mumbai desde Nueva York cuando tenía poco más de veinte años.

Si retrocedo un poco, no sé muy bien qué fue lo que me llevó a solicitar unas prácticas en una empresa de información económica al otro lado del mundo. Me acababa de graduar en Periodismo en Nueva York, estaba de prácticas en una conocida revista, rodeada de jefes que me apoyaban y con la posibilidad de una oferta de trabajo a tiempo completo. No tenía por qué solicitar un puesto en una empresa que valoraba más los balances y el conocimiento del mercado que la capacidad de redacción. Peor aún, tendría que empezar de cero en Bombay, una ciudad que apenas conocía fuera de los viajes anuales que hacía para visitar a mis abuelos maternos.

Ni que decir tiene que conseguí las prácticas y que me dieron más dinero en rupias indias del que ganaba en Nueva York. Con tan solo dos maletas, me trasladé a Mumbai, donde planeaba vivir como huésped de pago en casa de una anciana durante todo el otoño.

Todo lo relacionado con el traslado fue un desastre. Me costó asentarme en una nueva cultura, tanto la del país como la de la organización. Mi horario como periodista que cubría la apertura de los mercados financieros me obligaba a estar en mi puesto a las seis de la mañana. Trabajé con un hombre que estaba demasiado cerca, lo bastante como para que pudiera sentir su aliento en mi cuello cuando miraba por encima del hombro a mi pantalla, pero era lo bastante discreto como para que no pudiera llamar a Recursos Humanos.

Lo pasé mal en todos los sentidos: nunca estuve a la altura de las expectativas de mi jefe ausente, nunca disfruté plenamente (o, a veces, ni siquiera entendí) el trabajo que hacía. Pero ahora, más de una década después, puedo mirar atrás y decir que me alegro de haberme arriesgado.

A veces merece la pena tomar decisiones profesionales terribles, y todos, en algún momento, vamos a tomarlas. Cuando aceptas un trabajo o un proyecto y descubres enseguida el error que has cometido, es fácil perder la esperanza. Y puede acabar con tu confianza y tu sentido de la responsabilidad. Pero, si te centras en el largo plazo, yo diría que trabajar en lo que *no* quieres puede acercarte mucho más a lo que sí quieres. En última instancia, puede incluso prepararte para diseñar una carrera que sí te llene.

He pensado muchas veces en esta experiencia y en las lecciones que aprendí de las prácticas, muchas de las cuales fueron clave para construir la carrera que hoy tengo. Si tienes un trabajo o estás realizando unas prácticas que te parecen una lata, trabajas con un jefe que no te cubre las espaldas o estás aprendiendo a desenvolverte en un lugar desconocido, hay formas de sortear todo esto y mucho más en tu propio beneficio (y mantener la cordura).

Relaciónate con tus compañeros de trabajo

A menudo, cuando empezamos un nuevo trabajo, se espera que seamos duros, pero entablar relaciones —incluso profesionales— requiere vulnerabilidad. Y a veces lo olvidamos cuando ya tenemos un sistema de apoyo cerca.

Sin familia, amigos ni redes en las que confiar en Bombay, tuve que ser vulnerable como nunca antes lo había sido. Me lancé de cabeza a conocer a mis compañeros, establecer contactos y decir sí a nuevas experiencias: nueva comida, nueva música e incluso un nuevo hábito de cafeína. (En lugar de café, consumí interminables tazas de *chai*, que me traía el *chaiwallah* de la oficina).

Aunque el apoyo que recibí en la oficina fue inestimable, también me beneficié de muchas otras maneras. La actitud tranquila y relajada de algunos compañeros me enseñó a controlar los nervios con las noticias de última hora. A pesar de la ausencia de mi jefe, el apadrinamiento de periodistas veteranos me aseguró el aprendizaje y el acceso a proyectos de gran envergadura.

Aunque entonces no me lo esperaba, sigo en contacto con muchas de las personas que me apoyaron en aquella época. Gracias a las redes sociales, siempre tendré una red de periodistas internacionales a la que recurrir.

Enseñanza: El tiempo que pasé en el extranjero me recuerda, incluso ahora, la importancia de invertir en las relaciones profesionales. No podría haber sobrevivido allí sin el buen humor y la amabilidad de mis compañeros. Es esencial invertir en las relaciones con los compañeros de trabajo, pues ellos son los que pueden hacer que una experiencia difícil merezca la pena.

Pide ayuda

Y, hablando de amabilidad, también aprendí a pedir ayuda a mi sistema de apoyo cuando lo necesitaba. Cuando mi jefe me ignoraba, era con mis compañeros con quienes celebraba mis pequeñas victorias, como presentar mi primera noticia de última hora. Cuando un turbio agente inmobiliario intentó extorsionarme para sacarme dinero (historia real), mis compañeros me dieron los refuerzos emocionales que necesitaba para no dejarme intimidar más.

En retrospectiva, ojalá hubiera pedido más ayuda. Tal vez debería haberme sentado con mi jefe, que siempre estaba muy ocupado, haberle contado mis necesidades y preguntado si había alguna forma de obtener apoyo adicional, desde aprender a tener éxito en la organización hasta consejos más tácticos sobre cómo presentar mejor mis noticias.

Enseñanza: El orgullo se interpuso en mi camino y me sentí desgraciada durante gran parte del tiempo que trabajé allí, pero la importancia de pedir ayuda cuando la necesitas se me ha quedado grabada desde entonces. Aprende de mi experiencia y habla claro; lo peor que puedes recibir es una negativa.

Toma nota de lo que no es negociable

Ser mujer en cualquier entorno empresarial no está exento de desafíos. En mi caso, ser una empleada en un país completamente nuevo fue realmente una bola de contradicciones. Tuve que recalibrar mi comprensión de la cultura laboral y la actitud general hacia el papel de la mujer en la sociedad, incluido el lugar de trabajo. Por un lado, trabajé con algunos hombres increíbles que me patrocinaron y orientaron, compartieron sus recursos y me trataron con la máxima dignidad y respeto. Y, por otro, también había hombres en la oficina que me miraban lascivamente, invadían mi espacio personal y evitaban el contacto visual conmigo solo por mi género.

Cuando tenía poco más de veinte años, no siempre sabía cómo defenderme, pero, al enfrentarme al sexismo de cerca, me di cuenta de que un entorno de trabajo inclusivo y equilibrado en cuanto al género era algo innegociable para mí. Más adelante, en mi carrera, cuando experimenté una cultura laboral igualmente excluyente en Estados Unidos, supe rápida y claramente que tenía que abandonar ese trabajo, incluso cuando otros me instaban a seguir adelante.

Enseñanza: Mi experiencia en la India me dejó claro que trabajar en un lugar de trabajo integrador es algo innegociable para mí. Presta atención a tus propias experiencias al principio de tu carrera, sobre todo a las más difíciles. ¿Cuáles son tus aspectos no negociables? Cuanto mejor sepas en qué estás dispuesto a ceder y en qué no, más fácil te resultará diseñar el tipo de carrera que quieres en el futuro.

Celebra tu resistencia

En uno de mis encargos más memorables, tuve que viajar un tren de cercanías de Bombay con un veterano reportero y hablar con los vendedores de los grandes mercados de especias sobre los precios de los productos básicos. Mi compañero no hablaba el idioma local, así que yo me convertí en la traductora. Por primera vez aprendí a hacer un gran reportaje en otro idioma.

Hasta entonces, mis experiencias laborales en otros países —Estados Unidos, Reino Unido y Singapur— no me habían preparado para ese tipo de reto, pero, después de un día agotador en el calor de un territorio desconocido, me di cuenta de que era más resistente y adaptable de lo que pensaba a esa edad.

Lo que reforzó aún más esa resistencia fue que, cuando no incluyeron mi nombre en el artículo, me defendí y pedí a los editores y al periodista que lo hicieran. Yo había contribuido significativamente al artículo final y debía ser reconocida por mi trabajo. Ellos se negaron (lo que reforzó la idea de que había llegado el momento de marcharme), pero aprendí que, si yo no me defendía, nadie lo haría.

Enseñanza: En los momentos más duros, haz una lista (mental o en papel) de los triunfos que has conseguido en los momentos más difíciles. Para mí, habrían sido tan sencillos como «Hoy he ido andando a mi oficina sin perderme». Celebra todas las formas de superar la adversidad, tanto las grandes como las pequeñas, porque al final suman para superar los retos más difíciles.

Reflexiona sobre lo aprendido

Afortunadamente, ninguna dificultad es eterna. Cuando miro atrás, encuentro consuelo en seguir trabajando en los momentos difíciles y preguntarme constantemente: «¿Cuál es la lección aquí?». Incluso cuando me sentía sola en mi habitación en el piso de otra mujer, me consolaba saber que era una oportunidad única en la vida y que tenía la opción de hacer un cambio. Pero, sobre todo, aprendí la importancia de trabajar en otras culturas y a ser humilde, flexible y adaptable.

Me fui de Mumbai a los tres meses, con más cosas que *no debía hacer* que *cosas que sí debía hacer*, pero con toda una vida de lecciones y recuerdos.

Enseñanza: Si tuviera que volver atrás, lo haría todo de nuevo.

• • •

Ahora, más de una década después, como madre trabajadora asentada en una carrera y una vida cómodas y (casi) sin dramas, sé que no puedo dar el salto a lo desconocido de la misma manera que lo hice entonces, pero muchos de vosotros sí podéis, y deberíais. Tienes el poder de trabajar fuera de tu zona de confort, ya sea trasladándote a un nuevo sector, ciudad o país, sobre todo si estás en un momento de tu vida en el que asumir riesgos calculados podría dar grandes frutos.

Créeme, los momentos difíciles no duran, pero el crecimiento, las relaciones y la resiliencia sí.

Breve resumen

A veces merece la pena tomar decisiones profesionales terribles. Si estás en un trabajo o realizando unas prácticas que te parecen un error, aquí tienes cómo aprovechar la experiencia en tu beneficio:

- Céntrate en tus relaciones. Esfuérzate por acercarte a tus compañeros de trabajo y crea tu red de contactos.

- Pide ayuda. No dejes que el orgullo se interponga. Habla si necesitas ayuda. Lo peor que te pueden decir es que no.

- Toma nota de tus puntos no negociables. Saber en qué estás dispuesto a ceder y en qué no te ayudará a diseñar la carrera que deseas.

- Celebra tu capacidad de resistencia. Siéntete orgulloso de tus pequeñas y grandes victorias: los retos que has superado te ayudarán a ser más resiliente en el futuro.

- Reflexiona sobre lo que has aprendido. Cuando te encuentres con obstáculos a lo largo de tu carrera, pregúntate: «¿Cuál es la lección aquí?».

¿Cómo recuperarse de los reveses profesionales?
Escucha este pódcast:

NOTAS

Introducción

1. Akane Otani, «Your Lifetime Earnings Are Decided in the First 10 Years of Your Career», *Bloomberg*, 9 de febrero de 2015, https://www.bloomberg.com/news/articles/2015-02-09/your-lifetime-earnings-are-decided-in-the-first-10-years-of-your-career.

Capítulo 4

1. Devin Tomb, «72% of Muse Survey Respondents Say They've Experienced 'Shift Shock',» *The Muse*, 30 de agosto de 2022, https://www.themuse.com/advice/shift-shock-muse-survey-2022.

Capítulo 5

1. Kenneth A. Couch y Robert Fairlee, «Last Hired, First Fired? Black-White Unemployment and the Business Cycle», *Demography* 47, n.º 1 (febrero de 2010): 227-247, https://www.ncbi.nlm.nih.gov/pmc/articles/PMC3000014/.

2. Kathryn E. W. Himmelstein y Hannah Brückner, «Criminal-Justice and School Sanctions Against Nonheterosexual Youth: A National Longitudinal Study», *Pediatrics* 127, n.º 1 (enero de 2011): 49-57, https://www.ncbi.nlm.nih.gov/pmc/articles/PMC3375466/.

3. Adam Bryant, «Google's Quest to Build a Better Boss», *New York Times*, 12 de marzo de 2011, https://www.nytimes.com/2011/03/13/business/13hire.html.

4. Shirin Eskandani, «The Key to Creating Your Best Life (Best of WHC)», *Wholehearted Coaching: The Podcast*, https://www.wholehearted-coaching.com/podcast/your-best-life-best-of-whc.

Capítulo 7

1. Hans Georg Wolff y Klaus Moser, «Effects of Networking on Career Success: A Longitudinal Study», *Journal of Applied Psychology* 94, n.º 1 (2009): 196-206, http://homepages.se.edu/cvonbergen/files/2013/01/Effects-of-Net working-on-Career-Success_A-Longitudinal-Study.pdf.

2. Larry Kim, «How to Write the Perfect LinkedIn Connection Request», *Customers.ai*, https://observer.com/2016/08/how-to-write-the-perfect-linkedin-connection-request/.

3. Robert B. Cialdini, *Influencia, la psicología de la persuasión*, nueva edición actualizada (*Influence: The Psychology of Persuasion*) (España: HarperCollins, 2022).

Capítulo 9

1. «Learning in Networks», *LibreTexts Social Sciences*, https://socialsci.libretexts.org/Bookshelves/Education_and_Professional_Development/Teaching_Crowds_-_Learning_and_Social_Media_(Dron_and_Anderson)/05%3A_Learning_in_Networks.

2. Adam Grant, «We Don't Just Need to Connect—We Need to Reconnect», *New York Times*, 24 de abril de 2020, https://www.nytimes.com/2020/04/24/smarter-living/reconnecting-with-people.html.

3. Dorie Clark, *El juego largo. Piensa a largo plazo en un mundo a corto plazo* (*The Long Game: How to Be a Long-Term Thinker in a Short-Term World*) (Taller del Éxito, 2023).

4. «Active Listening», *Fast Facts*, http://gwep.usc.edu/wp-content/uploads/2020/03/FastFacts-Telephone-Skills-Training-Active-Listening.pdf.

Capítulo 11

1. «The Nine Enneagram Type Descriptions», *Enneagram Institute*, https://www.enneagraminstitute.com/type-descriptions.

2. «¿What is DiSC?», *disc profile*, https://www.discprofile.com/what-is-disc; «LIFO Surveys», LIFO Life Orientationshttps://www.discprofile.com/what-is-disc; «Big Five Personality Test», *Open-Source Psychometrics Project*, https://openpsychometrics.org/tests/IPIP-BFFM/; «16 Personality Factors Test», https://openpsychometrics.org/tests/16PF.php; «Motives, Values, Preferences Inventory», *Hogan Assessments*, https://www.hoganassessments.com/assessment/motives-values-preferences-inventory/.

3. The Passion Test, https://www.thepassiontest.com/about-the-passion-test.

Capítulo 12

1. «Jeff Bezos - Regret Minimization Framework», YouTube, https://youtu.be/jwG_qR6XmDQ?si=bz6Aac1EPldT1iJ9.

2. Kevin Kelley, «1.000 True Fans», *The Technium*, 4 de marzo de 2008, https://kk.org/thetechnium/1000-true-fans/.

3. Marie Forleo, *Everything Is Figureoutable* (*Todo tiene solución*) (Nueva York: Penguin, 2020).

Capítulo 14

1. Emily Rolen, «Occupational Employment Projections Through the Perspective of Education and Training», *U.S. Bureau of Labor Statistics*, https://www.bls.gov/spotlight/2019/education-projections/pdf/education-projections.pdf.

2. Reid Wilson, «Census: More Americans Have College Degrees Than Ever Before», *The Hill*, 3 de abril de 2017, https://thehill.com/homenews/state-watch/326995-census-more-americans-have-college-degrees-than-ever-before/.

3. Jon Marcus, «Graduate Programs Have Become a Cash Cow for Struggling Colleges. What Does That Mean for Students?», *NewsHour*, PBS, 18 de septiembre de 2017, https://www.pbs.org/newshour/education/graduate-programs-become-cash-cow-struggling-colleges-mean-students; Lydia Dishman, «How the Master's Degree Became the New Bachelor's in the Hiring World», *Fast Company*, 17 de marzo de 2016, https://www.fastcompany.com/3057941/how-the-masters-degree-became-the-new-bachelors-in-the-hiring-world.

4. Cecilia Capuzzi Simon, «R.O.I.», *New York Times*, 22 de julio de 2011, https://www.nytimes.com/2011/07/24/education/edlife/edl-24roi-t.html.

5. D. Scott DeRue y Frederick P. Morgeson, «Stability and Change in Person-Team and Person-Role Fit over Time: The Effects of Growth Satisfaction, Performance, and General Self-Efficacy», *Journal of Applied Psychology* 92, n.º 5 (2007): 1242-1253, https://psycnet.apa.org/search/results?id=3c8e43c4-af5a-aa1f-9125-73b3720a4a4c.

6. Allison Dulin Salisbury, «The Rise of Outskilling: Why Are a Growing Number of Employers Preparing Workers for Their Next Job?», *Forbes*, 18 de noviembre de 2019, https://www.forbes.com/sites/allisondulinsalisbury/2019/11/18/the-rise-of-outskilling-why-are-a-growing-number-of-employers-preparing-workers-for-their-next-job/.

7. Sophie von Stumm, Benedikt Hell y Tomas Chamorro-Premuzic, «The Hungry Mind: Intellectual Curiosity Is the Third Pillar of Academic Performance», *Perspectives on Psychological Science* 6, n.º 6 (14 de octubre de 2011): 574-588, https://journals.sagepub.com/doi/full/10.1177/1745691611421204.

8. Tomas Chamorro-Premuzic y Becky Frankiewicz, «6 Reasons Why Higher Education Needs to Be Disrupted», *hbr.org*, 19 de noviembre de 2019, https://hbr.org/2019/11/6-reasons-why-higher-education-needs-to-be-disrupted.

9. «Nobel Laureate Debunks Economic Theory», *Forbes*, 6 de noviembre de 2002, https://www.forbes.com/2002/11/06/cx_da_1106nobel1.html.

Capítulo 15

1. Erving Goffman, *La presentación de la persona en la vida cotidiana* (*The Presentation of Self in Everyday Life*) (Amorrortu Editores España, S.L., 2009).

2. Liad Uziel, «Rethinking Social Desirability Scales: From Impression Management to Interpersonally Oriented Self-Control», *Perspectives on Psychological Science* 5, n.º 3 (mayo de 2010): 243-262, https://journals.sagepub.com/doi/10.1177/1745691610369465.

3. Tomas Chamorro-Premuzic, ¿Por qué tantos hombres incompetentes se convierten en líderes? (*Why Do So Many Incompetent Men Become Leaders?*) (España: Empresa Activa, 2020).

Capítulo 17

1. «Research Process», *Impact Players*, The Wiseman Group, https://impactplayersbook.com/wp-content/uploads/2021/10/impact-players-research-process.pdf.

2. «Research Process», *Impact Players*, The Wiseman Group.

3. Bryan Kitch, «How to Create Effective Meeting Agendas», *Mural*, 10 de junio de 2022, https://www.mural.co/blog/how-to-create-meeting-agendas.

4. «Employers To Retain Half of Their Employees Longer If Bosses Showed More Appreciation; Glassdoor Survey», *Glassdoor*, 13 de noviembre de 2013, https://www.glassdoor.com/employers/blog/employers-to-retain-half-of-their-employees-longer-if-bosses-showed-more-appreciation-glassdoor-survey/.

5. Kristin Bain, Tamar A. Kreps, Nathan L. Meikle y Elizabeth R. Tenney, «Amplifying Voice in Organizations», *Academy of Management Journal* 64, n.º 4 (13 de septiembre de 2021): 1288-1312, https://journals.aom.org/doi/abs/10.5465/amj.2018.0621.

ACERCA DE LOS COLABORADORES

MIMI ABOUBAKER es empresaria y escritora. Hace unos pocos años fundó Perfect Strangers, la mayor iniciativa de respuesta a la crisis provocada por el coronavirus en Estados Unidos, que repartió más de tres millones de comidas en colaboración con organizaciones sin ánimo de lucro y organismos públicos. Antes de dedicarse al mundo empresarial, trabajó en Goldman Sachs y Morgan Stanley. Para conocer más consejos sobre cómo orientarse en la carrera y en la vida, puedes seguirla en X/Twitter (@mimi_aboubaker).

UTKARSH AMITABH es fundador y CEO de Network Capital, una de las mayores plataformas de tutoría del mundo, que ayuda a más de 7,5 millones de estudiantes y a 200.000 jóvenes profesionales a forjarse una carrera significativa. Antes de convertirse en empresario, Utkarsh formó asociaciones público-privadas críticas en Microsoft durante siete años en Estados Unidos, Europa y la India. Formó parte del equipo que construyó la primera aldea inteligente de la India, que fue reconocida en el *Book of Pioneering Innovations* del primer ministro. Utkarsh estudió Filosofía Moral en la Universidad de Oxford y obtuvo su MBA en INSEAD. Es autor de dos libros superventas, *The Seductive Illusion of Hard Work* y *Passion Economy and The Side Hustle Revolution*.

JAHNA BERRY es una galardonada periodista y *coach* de liderazgo que ha escrito sobre liderazgo para *Mother Jones* y *OpenNews*. Ha sido ponente destacada en actos de la National Association of Gay and Lesbian Journalists, *Wired*, la Facultad de Periodismo de la Universidad de Missouri y la News Product Alliance. Es la directora de operaciones de *Mother Jones*.

ROXANNE CALDER es autora de *Employable: 7 Attributes to Assuring Your Working* Future. Además, es fundadora y directora general de EST10, una de las agencias de contratación de personal administrativo con más éxito de Sídney. A Roxanne le apasiona descubrir el potencial de las personas y ver cómo se disparan sus carreras.

TOMAS CHAMORRO-PREMUZIC es director de innovación de ManpowerGroup, profesor de psicología empresarial en el University College de Londres y en la Universidad de Columbia, cofundador de deepersignals.com y colaborador del Entrepreneurial Finance Lab de Harvard. Es autor de *¿Por qué tantos hombres incompetentes se convierten en líderes? (y cómo evitarlos)*, libro en el que se basó su charla TEDx. Su último libro es *I, Human: AI, Automation, and the Quest to Reclaim What Makes Us Unique*. Puedes encontrarlo en www.drtomas.com.

PRISCILLA CLAMAN es una ejecutiva de recursos humanos y consultora de carrera jubilada. Colabora en la *HBR Guide to Getting the Right Job*.

IRINA COZMA es *coach* ejecutiva y de carrera, y ayuda a los profesionales a tener mejores aventuras profesionales. Ha entrenado a cientos de ejecutivos de *Fortune* 500 de organizaciones globales como Salesforce, Hitachi y Abbott. Irina también asesora a clientes en empresas de nueva creación y a estudiantes del Physician Executive MBA de la Universidad de Tennessee. Puedes encontrarla en www.irinacozma.com.

KRISTI DEPAUL es una empresaria afincada en Tel Aviv y experta en *marketing* de contenidos cuyos escritos ayudan a los aspirantes a profesionales a triunfar en el siempre cambiante mundo laboral. Sus artículos han aparecido en las principales publicaciones internacionales, entre ellas *HBR's 10 Must Reads 2024: The Definitive Management Ideas of the Year*, y han sido citados por destacados grupos de reflexión y académicos. Es CEO de Founders, una agencia de contenidos distribuida por todo el mundo que presta apoyo a influyentes organizaciones educativas y de desarrollo de la mano de obra en todo el planeta. Defensora desde hace tiempo del trabajo a distancia, Kristi ha sido nombrada en repetidas ocasiones una de los *50 Remote Influencer Report* internacionales y sigue siendo una ferviente defensora de la mejora de la movilidad social y económica de los demás mediante el empleo independiente del lugar de trabajo.

MICHELLE GIBBINGS está devolviendo la alegría a la cultura del lugar de trabajo. Autora galardonada de tres libros y conferenciante internacional, su misión es ayudar a líderes, equipos y organizaciones a crear lugares de trabajo de éxito en los que las personas prosperen y se acelere el progreso.

ANTOINETTE OGLETHORPE es consultora, *coach*, conferenciante y autora con más de treinta años de experiencia en el desarrollo de líderes para organizaciones multinacionales. Es miembro colegiado del CIPD, miembro de la Association for Coaching y del Institute of Leadership. Su último libro se titula *Confident Career Conversations: Empower Your Employees for Career Growth and Retention*.

SEAN O'KEEFE es un galardonado profesor, investigador y conferenciante muy solicitado sobre la creación de capital social, la preparación profesional, las prácticas laborales y el empleo. Es autor de *Launch Your Career: How ANY Student Can Create Relationships with Professionals and Land the Jobs and Internships They Want*. Es fundador y socio de Career Launch (www.careerlaunch.academy), una empresa social que se asocia con universidades y programas profesionales para medir la preparación para la carrera y ampliar equitativamente la capacidad de los estudiantes para crear relaciones profesionales y lanzar búsquedas efectivas de trabajo o prácticas en el mercado laboral oculto.

JANET T. PHAN es la fundadora de Thriving Elements, una organización mundial sin ánimo de lucro que pone en contacto a niñas marginadas y subrepresentadas con mentores de STEM. Además, es autora de *Boldly You*, una historia sobre el descubrimiento de lo que eres capaz de hacer cuando te haces valer por ti misma. También es directora técnica de programas y trabaja para llevar una banda ancha asequible y fiable a comunidades desatendidas y subatendidas de todo el mundo. Su charla TEDx se titula «3 Key Elements to a Thriving Mentorship».

DEBORAH GRAYSON RIEGEL es conferenciante profesional, *coach* de ejecutivos y facilitadora de talleres, así como *coach* de habilidades de comunicación y presentación. Enseña comunicación para el liderazgo en la Fuqua School of Business de la Universidad de Duke y ha impartido clases en la Wharton Business School, el Columbia Business School's Women in Leadership Program y el

International MBA Program de la Universidad de Pekín. Es autora de *Overcoming Overthinking: 36 Ways to Tame Anxiety for Work, School, and Life* y del *best seller Go to Help: 31 Strategies to Offer, Ask for, and Accept Help*.

APRIL RINNE es una de las jóvenes líderes mundiales del Foro Económico Mundial y una de las cincuenta mujeres con más futuro, según *Forbes*. Es una navegante del cambio que ayuda a personas y organizaciones a replantearse y remodelar sus relaciones con el cambio, la incertidumbre y un mundo en constante evolución. Es asesora de confianza, conferenciante, inversora, aventurera (ha visitado más de cien países), insaciable *handstander* y autora de *Flux: 8 superpoderes para fluir y triunfar ante el cambio constante*.

SUSAN STELTER es cofundadora y antigua directora de personal de West Monroe, una empresa de consultoría digital. Bajo su dirección, la empresa fue nombrada uno de los mejores lugares de trabajo para los *millennials* por *Fortune* y *Great Place to Work* durante cuatro años consecutivos.

ANNE SUGAR es una *coach* ejecutiva y conferenciante que trabaja con altos directivos de empresas tecnológicas, de *marketing* y farmacéuticas. Es *coach* ejecutiva del Programa Ejecutivo de la Harvard Business School y ha sido profesora invitada en el MIT. Puedes encontrarla en annesugar.com.

RUCHIKA TULSHYAN es autora de *Inclusion on Purpose: An Intersectional Approach to Creating a Culture of Belonging at Work* y *Uncompete: Dismantling a Competition Mindset to Unlock Liberation, Opportunity, and Peace* (aún no publicado). Además, es fundadora de Candour, una empresa de estrategia de inclusión.

LIZ WISEMAN es autora de *Impact Players, Rookie Smarts* y *Multipliers* y CEO del Wiseman Group. Puedes conectarte con ella en X/Twitter (@LizWiseman).

TIMOTHY YEN es psicólogo clínico y consultor que ejerce en la bahía de San Francisco, y dirige seminarios y retiros por todo el mundo. Es autor del éxito de ventas *Elige mejor. Aprende a tomar decisiones que impacten positivamente tu vida.* Durante sus años en Kaiser Permanente, en la práctica privada y en el ejército de EE.UU. como sargento especializado en salud mental, ha capacitado a cientos de personas, familias, organizaciones y equipos para desarrollar relaciones auténticas y crecer en su mejor yo.